DANTE ALIGHIERI.

LA DIVINE COMÉDIE.

LE PURGATOIRE.

PARIS. — IMPRIMERIE DE J. B. GROS,
Rue du Foin-Saint-Jacques, 18.

DANTE ALIGHIERI.

LA
DIVINE COMÉDIE

LE PURGATOIRE

DEUXIÈME CANTIQUE

ILLUSTRÉ

PAR

JOHN FLAXMAN,

TRADUCTION COMPLÈTE

ACCOMPAGNÉE DE NOTES HISTORIQUES

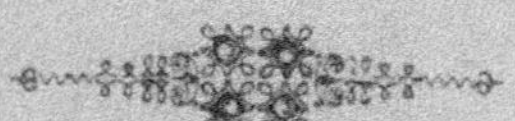

PAR L'AUTEUR DES DIVINES FÉERIES.

PARIS.

A LA DIRECTION, RUE MIGNON, N° 7,

ET CHEZ TOUS LES LIBRAIRES DE FRANCE ET D'EUROPE.

1845

LA DIVINE COMÉDIE.

SAINT-DENIS. — IMPRIMERIE DE PREVOT ET DROUARD.

DEUXIÈME VISION.

LE PURGATOIRE.

PURGATOIRE.

CHANT PREMIER.

L'esquif de mon génie, abandonnant la cruelle mer, déploie ses voiles pour voguer sur une onde plus tranquille.

Je chanterai le second royaume où l'âme humaine se purifie et devient digne de monter à la sphère bienheureuse.

Ressuscite, ô poésie funèbre ! muses saintes, inspirez votre disciple ! et toi Calliope, élève ton mode harmonieux ;

Accompagne mon chant de cette voix dont la mélodie blessa les Piérides infortunées désespérant de leur pardon.

La douce couleur du saphir oriental se confondait à la sérénité de l'air pur jusqu'au premier cercle ;

Son aspect ramena la joie dans mes yeux attristés par les régions mortes dont l'atmosphère avait endolori mon cœur.

La belle planète qui invite à l'amour faisait sourire tout l'Orient, et voilait le signe des poissons placé dans son escorte.

Je portai mon attention à main droite, vers l'autre pôle. Je vis quatre étoiles admirées seulement par les premiers hommes.

Leur éclat semblait réjouir le firmament. O septentrion ! contrée veuve, privée de ce ravissant spectacle !

Après m'être détaché de leur contemplation, je me tournai à demi vers le pôle contraire, où le chariot venait de disparaître.

Près de moi se tenait debout un vieillard solitaire et vénérable; un père ne doit point exciter, par son extérieur, plus de respect dans l'âme de son fils.

Sa barbe flottante était à moitié blanche ; sa chevelure pareille ondoyait en double bandeau sur ses épaules.

Les rayons des quatre étoiles saintes illuminaient sa figure, comme si elle eût réfléchi la lumière du soleil.

« Qui êtes-vous, dit le vieillard en agitant sa barbe majestueuse, vous qui avez fui la prison éternelle contre le cours du fleuve ténébreux?

Qui vous a guidés? Quel flambeau a éclairé vos pas pour sortir de la profonde nuit dont le linceul enveloppe à jamais la vallée infernale?

Les lois de l'abîme sont-elles rompues? ou les décrets divins changés? Comment, maudits, osez-vous pénétrer dans mes grottes? »

Mon maître m'avertit par son geste et sa parole de plier respectueusement le genou et de baisser la paupière.

Ensuite il répondit au vieillard : « Une femme céleste, descendue d'en haut, non ma propre volonté, m'envoya pour conduire charitablement ce mortel.

» Selon ta demande, je t'expliquerai davantage notre condition; je ne saurais rien te refuser.

» Le voyageur dont je soutiens le pèlerinage n'a pas connu son dernier jour; mais sa folie en précipitait le terme, et il lui restait peu d'espace à parcourir.

» Comme je te l'ai appris, je reçus la mission de le sauver. Il n'y avait pas d'autre route que celle du lugubre labyrinthe.

» Je lui ai dévoilé toute la race coupable; à cette heure, je veux lui montrer les âmes accomplissant leur purification sous ta garde.

» Notre course à travers l'abîme serait un trop long récit. Une vertu de la suprême région m'aide à le diriger ici pour te voir et t'entendre.

» Daigne donc l'accueillir. Il cherche la liberté, trésor si précieux,
comme le savent ceux qui méprisent l'existence pour elle.

» Tu le sais, toi. Pour la conquérir, tu ne trouvas pas la mort
amère, et tu laissas dans Utique ta dépouille terrestre, destinée à re-
paraître éclatante au grand jour.

» Les décrets éternels ne sont point révoqués pour nous ; mon compagnon est vivant. Minos ne m'enchaîne pas.

» Moi, j'appartiens au cercle où brillent les yeux chastes de ta Marcia. Elle semble encore t'adjurer, ô noble cœur, de la reprendre pour
épouse.

» En souvenir de son amour, sois-nous propice ; laisse-nous aller
par tes sept royaumes. Je lui en rendrai grâce, si tu permets que l'on
salue ton nom dans le lieu inférieur. »

Et le vieillard : «Tant que je vécus sur la terre, Marcia eut mes affections ; elle obtint de moi toutes les faveurs désirées.

» Désormais, elle habite par delà le fleuve coupable ; elle ne doit
plus m'émouvoir : Loi inflexible, écrite quand je sortis des limbes.

» Si une créature céleste te dirige et te protège, bannis la flatterie
vaine ; invoque simplement son assistance auguste.

» Va, forme à ce mortel une ceinture d'un jonc souple et uni, et
lave son visage afin d'en effacer toute souillure.

» Qu'il ne se présente point, l'œil obscurci par la moindre vapeur,
devant le premier des ministres du Paradis.

» Cette petite île, dans le lointain, produit des joncs sur sa grève
humide et limoneuse.

» Nulle plante à la tige dure ou aux branches feuillues ne peut y
croître, car elle ne ploierait pas sous l'effort des vagues.

» Au retour, ne foulez point le même sentier. Le soleil levant vous
indiquera une pente plus commode pour gravir la montagne. »

— A ces mots, Caton disparut. Quittant mon attitude, silencieux, je me rangeai près de mon guide, et lui :

« Rebroussons en arrière, mon fils ; par ce côté, la plaine décline toujours jusqu'à son extrême limite. »

Déjà l'aube chassait l'heure matinale, fuyant devant elle, et je découvris au loin les ondulations de la mer.

Dans la plaine déserte, pareils à des voyageurs égarés cherchant leur chemin, nous marchions par des circuits perdus.

Nous parvînmes à un endroit où la rosée, luttant avec l'ardeur du soleil, se fond à peine sous le manteau de l'ombre.

Mon maître posa doucement ses deux mains ouvertes sur l'herbe fraîche, et je lui tendis pieusement mes joues baignées de larmes ;

A son contact les couleurs ternies par l'enfer y reparurent. Puis nous atteignîmes la rive isolée dont les eaux ne portèrent jamais navigateur capable de revenir.

Virgile me tressa une ceinture, suivant l'ordre de Caton. O prodige ! sitôt qu'il arrache une des humbles plantes, une semblable renaît soudain ;

Elle renaît à la place d'où il l'avait arrachée.

Dante et Virgile saluant Caton d'Utique.

Chant de Casella.

CHANT DEUXIÈME.

———

Le soleil gravitait à la voûte horizontale dont le méridien couvre Jérusalem de son zénith ;

Et la nuit, décrivant son cercle à l'opposé, sortait du Gange en tenant la balance, qu'elle laisse tomber de ses mains quand son règne l'emporte sur le jour.

Dans l'hémisphère où je me trouvais, les joues blanches et vermeilles de la belle aurore se nuançaient en vieillissant d'une couleur d'orange.

Nous prolongions notre halte au bord de la mer, pareils à des voyageurs méditant sur leur direction ; leur esprit chevauche, tandis que leur corps demeure.

Sous les regards du matin, à travers les épaisses vapeurs, la planète de Mars rougit à l'occident, au-dessus des vagues ;

De même (oh ! puissé-je la revoir !), une lueur glissa sur la nappe marine avec un mouvement impétueux : moins rapide le vol d'un oiseau.

Lorsque je m'apprêtais à interroger mon guide, elle scintilla plus grande et plus brillante ;

Et aux deux côtés de la lumière flottait je ne sais quelle forme blanche, d'où se détacha une autre forme d'une blancheur égale.

Mon maître se tut, jusqu'à ce que dans les deux formes blanches il eût distingué des ailes. Reconnaissant le gondolier, il s'exclama :

2

« Vite ! à genoux ! voici l'ange de Dieu ; joins les mains. Désormais tu apercevras de semblables ministres.

» Admire comme il dédaigne les ressources humaines : ni rames, ni voiles, rien que ses ailes sur ce rivage inaccessible.

» Admire comme il les tient dressées vers les cieux, et leurs plumes éternelles, battant l'air, ne muent pas comme la chevelure des hommes. »

Plus s'approchait l'oiseau divin, plus il rayonnait. Je ne pouvais soutenir sa splendeur ;

Je baissai mes paupières. Lui, vola sur la rive avec une barque agile et frêle, rasant l'eau sans y plonger.

A la poupe, dominait le céleste nocher, la face éclatante de béatitude ; plus de cent esprits étaient assis dans la barque.

Quand Israël sortit d'Égypte, chantaient-ils avec un religieux accord digne du cantique sublime.

L'ange étendit sur eux le signe de la croix sainte ; ils s'élancèrent sur la plage, et lui, s'en retourna léger comme il était venu.

La troupe débarquée observait les objets d'alentour comme un étranger frappé de choses inaccoutumées.

Repoussant avec ses flèches lumineuses le capricorne du milieu de l'horizon, le soleil dardait le jour sur tous les points.

La nouvelle cohorte nous aborda, en nous disant : « Enseignez-nous, si vous le savez, le chemin de la montagne. »

Et Virgile : « Nous ignorons les mystères de cette contrée ; comme vous, esprits élus, nous sommes pèlerins.

» Nous venons d'arriver peu avant votre caravane ; mais les routes futures nous seront faciles, après nos rudes épreuves. »

Les âmes, remarquant les symptômes de la vie à ma respiration, pâlirent de surprise.

Autour d'un messager portant la branche d'olivier se précipite la multitude avide et serrée pour entendre l'évènement ;

Ainsi, autour de moi, se groupèrent les âmes fortunées, oubliant d'aller revêtir leur beauté primitive.

Une d'entre elles se dégagea de ses compagnes pour m'embrasser avec un élan affectueux, et je fus entraîné de même à l'imiter.

O ombres vaines, excepté pour la vue ! Trois fois je l'entourai de mes bras et autant de fois ils se refermèrent vides sur ma poitrine.

Mon étonnement se peignit sur mon visage, car l'ombre sourit et se retira. J'avançai encore pour la suivre ;

Elle me dit doucement de m'arrêter. Alors je la reconnus, et je la suppliai de s'arrêter aussi pour converser.

Elle à moi : « Je t'aimais sous mon enveloppe mortelle ; je t'aime dégagé de ses liens. Comme tu le veux, je m'arrête. Mais, toi, où vas-tu ?

— » Mon Casella, j'accomplis ce voyage pour retourner au monde des vivants ; mais toi, quel motif t'a interdit si longtemps le séjour de l'expiation ? »

Et lui à moi : « Aucune injustice n'a été commise par le nocher dont la nacelle passe les ombres à son choix, à son heure, et m'a refusé à diverses reprises.

» Une équitable volonté règle la sienne ; depuis trois mois seulement il a recueilli les âmes désireuses d'entrer avec la paix divine.

» J'errais sur les bords où le Tibre se mêle à l'eau salée, lorsqu'il me reçut avec bienveillance ;

» Son aile bat incessamment auprès de l'embouchure du fleuve, où se rassemblent les phalanges non condamnées à descendre vers l'Achéron. »

Et moi : « Si une loi supérieure ne te ravit pas la mémoire ou l'usage des chants amoureux, dont le charme avait coutume d'endormir mes chagrins,

» Console mon âme ; en traînant ici le poids de son corps, elle s'est abreuvée d'angoisses et de terreurs. »

L'ombre se mit à chanter avec une suave mélodie : — *Amor che nella mente mi ragiona* ; sa douce voix vibre toujours au fond de mon être.

Virgile et moi, et les ombres enlacées autour du chanteur, nous étions absorbés dans l'extase ; aucune autre pensée n'aurait eu le pouvoir de nous distraire.

Suspendus et attentifs à ces chants, nous allions. L'austère vieillard, Caton s'écria : « Esprits paresseux, quelle négligence ?

» Pourquoi différer votre tâche ? courez vous dépouiller sur le mont de l'écorce impure dont le bandeau vous dérobe la manifestation de Dieu. »

Des colombes, becquetant le blé ou l'ivraie, se forment en groupes tranquilles, sans faire ouïr le roucoulement familier ;

Soudain, effrayées par un objet, elles délaissent leur pâture, occupées de leur salut.

Tel l'essaim voyageur délaissa le chant et s'enfuit vers la côte, pareil à un homme effaré :

Notre départ ne fut pas moins prompt.

Etonnement des Ames.

CHANT TROISIÈME.

Leur fuite soudaine dispersait dans la campagne ces âmes vers les hauteurs où l'infaillible justice nous châtie.

Je me rapprochai de mon fidèle soutien. Comment serais-je parvenu sans lui jusqu'au sommet de la montagne ?

Il semblait s'adresser des reproches intérieurs. O conscience noble et intègre, comme la faute la plus minime te cause de vifs remords !

Ses pieds ralentirent bientôt une allure hâtive, contraire à la dignité des actions, et mon esprit, d'abord enchaîné, ouvrit un libre essor à ses réflexions vagabondes.

Je fixai mes regards sur la cime dont le dernier échelon se perd dans la zône la plus élevée. Le soleil, flamboyant rouge derrière mes épaules, brisait devant moi ses rayons interceptés par mon corps.

Je me retournai dans l'effroi de l'abandon ; la terre n'était obscure que devant mes pas.

Et mon sage maître : « D'où vient ta défiance ? ne me crois-tu plus ton guide protecteur ?

» Déjà l'étoile du soir brûle sur le sépulcre où repose ma dépouille, dont la substance projetait une ombre ; Naples la possède après l'avoir enlevée à Brindes.

» Si nulle ombre ne s'étend devant moi, ombre aérienne, ne t'en émerveille pas davantage que du spectacle des cieux. Jamais la lumière n'y intercepte la lumière.

» La vertu divine rend nos corps, images des vôtres, capables de sentir les tourments, et la chaleur et le froid. Par quel prodige? elle nous le cache.

» Insensé le mortel qui espère pénétrer avec le flambeau de la raison le mystère infini d'une seule substance en trois personnes!

» Race d'Adam, contentez-vous du *pourquoi*? Si vous aviez possédé l'intuition de toute chose, il n'eût pas été nécessaire que Marie enfantât!

» Combien d'hommes auraient satisfait leurs vains désirs de savoir transformés en supplice éternel?

» Je parle d'Aristote, de Platon et de beaucoup d'autres. » Il se tut et pencha le front, rempli de trouble.

Cependant nous saluâmes l'abord de la pyramide expiatoire; ses roches escarpées défieraient les plus agiles.

Plus commode et plus large la voie la plus déserte, la moins frayée entre Lerici et Turbia.

Et le maître : « De quel côté décroît la colline, et par où la monter sans être pourvu d'ailes? »

L'œil baissé, il songeait au sentier à prendre ; moi je scrutais le haut de la ceinture pierreuse.

A main gauche, voici une foule d'âmes cheminant vers nous d'une marche lente et presque insensible ; on les aurait dites immobiles.

Et moi au sage : « Interroge ces ombres ; leurs conseils dissiperont le nuage de tes incertitudes. »

Et lui, avec un air plus serein : « Allons à leur rencontre, car elles viennent lentement, et à toi meilleure espérance, ô mon fils! »

Après mille pas, il subsistait entre les ombres et nous l'espace mesuré par la portée de la pierre d'un habile frondeur.

Elles se réunirent contre la dure falaise, fermes et pressées, comme une troupe voyageuse doutant de son chemin :

« Vous dont la mort fut sainte, âmes prédestinées, proféra Virgile, oh! par la douce paix, votre attente, instruisez-nous?

» De quel côté décline la hauteur, afin que nous puissions la gravir? La perte du temps amène un regret égal à l'appréciation de son véritable prix. »

Telles les petites brebis sortent de leur enclos, d'abord une, puis deux, puis trois; les secondes s'arrêtent, timides, baissant à terre leurs yeux et leur museau;

Les suivantes imitent la première, grimpant sur son dos, si elle s'arrête, simples et calmes dans leur naïve ignorance.

De même s'avança pour venir à nous une partie de la bande fortunée, pudique de visage et modeste dans sa démarche.

Les premières âmes découvrirent à ma droite la lumière interceptée par ma présence et mon ombre réflétée sur la masse caverneuse;

Elles s'arrêtèrent, puis reculèrent de quelques pas; toute la cohorte, par un instinctif mouvement, les imita :

« Je préviens votre demande. L'interception de la lumière sur le sol est produite par le corps d'un mortel.

» Ne vous étonnez point; une vertu descendue de la belle sphère l'encourage à franchir cette montagne. »

Virgile s'expliqua de la sorte; et la gentille phalange : « Retournez-vous et précédez-nous. » Et chaque âme nous faisait signe du dos de la main.

Et l'un des esprits : « Qui que tu sois, en allant, regarde-moi, et cherche dans ton souvenir si tu m'as rencontré sur le globe terrestre. »

Je le regardai fixement. Il était blond et beau, et d'un noble visage; une cicatrice partageait l'un de ses sourcils.

Je m'excusai humblement de ne pas le connaître, et lui : « Vois !» Et il me montra une blessure au-dessus de la poitrine.

Puis il reprit en souriant : « Je suis Mainfroy, petit-fils de l'impératrice Constance. Je t'en adjure, et ne l'oublie point quand tu redescendras dans le monde,

» Va visiter ma gracieuse fille, cette mère des princes, honneur de Sicile et d'Aragon; affirme-lui la vérité, si on l'altère.

» Lorsqu'on m'eut percé de deux coups homicides, je me confiai en pleurant au Dieu de miséricorde.

» Horribles furent mes crimes! néanmoins l'incommensurable clémence du créateur ouvre ses vastes bras à tous les pécheurs suppliants.

» Le pasteur de Cosenza, envoyé par le pontife à la poursuite de mon cadavre, n'a point vu la face miséricordieuse dans le triangle souverain;

» S'il l'avait vue, mes os dormiraient à la tête du pont, près de Bénévent, sous l'abri des lourdes pierres.

» Maintenant la pluie les mouille; le vent les secoue hors du royaume, presque au bord du Verde, où on les jeta sous la malédiction des torches éteintes.

» Mais l'anathème ne saurait étouffer l'amour divin, ni l'empêcher de s'épandre, tant que verdit la fleur de l'espérance.

» Le pécheur expiré dans l'impénitence vis-à-vis la sainte Église, malgré son repentir tardif, doit languir, il est vrai, en dehors de cette enceinte;

» Il y demeure trente fois l'espace du temps de son aveugle orgueil, à moins que son terme ne soit abrégé par une aide secourable

» Juge si tu veux me réjouir, en dévoilant à ma bonne Constance mon état malheureux;

» Les prières des vivants soulagent beaucoup les âmes en peine. »

Les Négligents.

CHANT QUATRIÈME.

Lorsque le plaisir ou la douleur émeuvent l'une de nos facultés, l'âme concentrée en elle paraît abandonner les autres organes ;

Cette observation prouve l'erreur de ceux qui croient à la pluralité des âmes dans un seul être.

Quand l'esprit entend ou perçoit un objet dont la puissance le captive, l'heure s'écoule et l'homme ne la compte pas ;

Car la faculté qui écoute ou regarde est entièrement distincte de celle où repose l'âme intacte : l'une reste esclave, l'autre libre.

J'en fis une expérience précise, tandis que j'admirais parler Mainfroy. Le soleil avait franchi à mon insu cinquante degrés ;

Les ombres nous crièrent ensemble : « Voici le but de votre demande. » Puis elles se séparèrent de nous. Virgile et moi nous nous engageâmes dans un étroit sentier ;

Au temps où le raisin brunit, le paysan ferme avec une fourchée d'épines une ouverture souvent plus large.

Par le secours de ses pieds, on pénètre à San-Léo, on descend à Noli, et l'on escalade l'échelle de Bismantua.

Mais là il fallait voler avec les ailes véloces du désir derrière le guide, soutien de mon espérance et lumière de mon pélerinage.

Nous gravissions à travers les roches rompues, dont les parois nous étreignaient de toutes parts ; l'âpre passage nous obligeait à nous aider et des pieds et des mains.

Arrivés sur l'escarpement supérieur, à la crête découverte : — « Maître, dis-je, comment nous forger une route? »

Et lui à moi : « Ne rétrograde point ; gagne à ma suite le sommet du mont, jusqu'à ce que nous rencontrions une habile escorte. »

Dépassant la portée de la vue, se dressait la haute cime : plus raide la côte altière que la ligne du milieu au centre du cadran.

Et moi, accablé de lassitude : « O doux père, daigne t'arrêter, ou je vais demeurer seul.

» — Traîne-toi jusqu'ici, mon fils, » répondit-il en m'indiquant au-dessus de nous un rocher régnant autour du giron pyramidal.

Vivement aiguillonné par ces mots, je grimpai avec mille efforts, et la roche circulaire s'abaissa enfin sous mes pieds.

Nous nous assîmes tous deux en face du levant d'où nous étions partis, car on se plaît à contempler l'arène qu'on vient de parcourir.

Dirigeant mes yeux vers les bas-fonds, je les élevai ensuite vers le soleil et m'étonnai d'en être frappé à gauche.

Le poète remarqua mon émerveillement d'apercevoir le char de la lumière entre nous et les lieux où naît l'aquilon :

« Si Castor et Pollux accompagnaient l'astre dont le miroir brille sur les deux hémisphères, le zodiaque étincelant tournoierait plus près des ourses, à moins d'un dérangement dans son ellipse.

» Recueille-toi, afin de me comprendre. La montagne de Sion et celle-ci ont un même horizon et différents hémisphères ;

» Donc le chemin où s'égara Phaéton t'apparaît sur le flanc du mont expiatoire, tandis que ton intelligence te le découvre sur le flanc opposé de la montagne judaïque. »

Ainsi s'exprima Virgile, et moi : « Maître, ce qui me semblait obscur s'éclaire maintenant à mon esprit.

» L'hémicercle du mouvement altissime, nommé en astronomie l'équateur, flotte toujours entre le soleil et l'hiver ;

» Il s'éloigne de ce cône vers le septentrion, à l'époque où les Hébreux le voyaient vers les régions brûlantes du midi.

» Quelle carrière avons-nous désormais à franchir? veuille me l'apprendre. Mes regards ne sauraient atteindre le pic de la hauteur. »

Lui à moi : « La montée rude s'aplanit à mesure que l'on avance, et la fatigue diminue.

» Plus haut, ta marche deviendra légère comme celle d'un batelet sur la pente des ondes ;

» Lors tu toucheras à la fin du sentier ; attends d'y être pour te reposer, et ne m'interroge plus, car je t'ai dit la vérité. »

Il cessa de parler, et une voix articula près de nous : « Peut-être seras-tu avant contraint de t'asseoir. »

Nous distinguâmes, en nous retournant, sur la gauche, une grande pierre d'abord échappée à notre examen.

Je m'en approchai avec mon maître ; elle abritait des âmes nonchalamment adossées à son ombre, pareilles à une troupe négligente.

L'une d'entre elles, comme fatiguée, assise parmi ses compagnes, tenait ses genoux embrassés et appuyait son visage incliné sur eux.

Et moi : « Maître, avise ce pénitent. Il se montre plus indolent que s'il avait pour sœur la paresse. »

Sans se déranger, il nous regarda par un mouvement oblique, et murmura : « Hisse-toi donc là-haut, toi si vaillant ! »

Je me remis ses traits ; malgré la fatigue empreinte dans ma respiration haletante, j'allai le rejoindre.

Lorsque j'en fus proche, il souleva légèrement la tête : « As-tu bien compris, ajouta-t-il, par quel motif le soleil mène son char à gauche ? »

L'attitude paresseuse de l'ombre et ses brèves paroles provoquèrent le sourire sur mes lèvres. Et moi : « Bélacqua, je ne te plains plus.

» Pourquoi t'asseoir et t'accroupir ici ? Attends-tu un guide, ou ton ancienne paresse te domine-t-elle toujours ? »

Et lui : « O frère, que me servirait de gravir ? l'ange gardien, veillant à la porte, m'interdirait le royaume des expiations.

» L'ordre céleste me retient dehors un nombre d'années égal à celui des années de ma vie , pour avoir trop différé le repentir et la pénitence.

» L'oraison d'un cœur pur abrégerait seul ma peine ; toute autre prière sera stérile et sans écho dans le ciel. »

Déjà le poète reprenait le dédale montueux , et à moi : « Viens, ô mon fils. Le soleil plane au méridien ;

» Et la nuit gigantesque va couvrir de son pied la rive marocaine. »

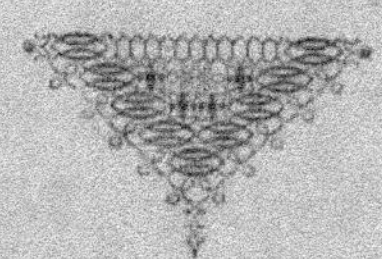

Délivrance de l'âme de Montefeltro par un Ange.

CHANT CINQUIÈME.

———

J'avais quitté la troupe nonchalante, et je suivais le sage. Une des ombres s'écria derrière nous, en me désignant du doigt :

« Le rayon de la lumière ne semble pas luire à gauche du second des deux voyageurs, et il paraît se mouvoir comme un vivant. »

Au son de ces paroles, je tournai les yeux; les âmes stupéfaites me regardaient moi seul, moi et la lumière divisée par l'opacité de mon corps.

Et le maître : « Ne t'embarrasse point de frivoles préoccupations. Pourquoi s'attarder? que t'importent les murmures de cette troupe?

» Laisse-la dire, et suis mes pas. Sois ferme comme une tour solide, dont la cime inébranlable résiste au souffle des autans.

» L'homme en proie au flux et au reflux de mille pensées recule perpétuellement le but; la fougue de l'une affaiblit l'autre. »

Qu'avais-je à répondre, hors : « Je viens. » Ainsi répondis-je, couvert de la rougeur par laquelle un homme se rend maintes fois digne de pardon.

Cependant, par le flanc de la côte, défilaient des âmes gémissant verset par verset le *Miserere*.

A peine eurent-elles observé que ma personne interceptait les rayons, une longue et rauque exclamation de surprise remplaça leur chant.

Deux d'entre elles, comme deux messagères, accoururent à notre rencontre, et nous dirent : « Informez-nous de votre condition. »

Et Virgile : « Retournez apprendre à ceux qui vous envoient la nature vraiment charnelle du corps de mon compagnon.

» Si le désir de contempler son ombre a interrompu leur voyage, comme je l'imagine, telle est la réponse : qu'ils lui fassent honneur; son entremise pourra leur être agréable. »

Au commencement de la nuit, les vapeurs embrasées fendent agilement le ciel serein, et rapide, le soleil couchant traverse les nuages d'août;

Plus promptes ces âmes revolent vers leur point de départ. Arrivées là, elles ramènent vers nous le reste de la phalange, pareille à un escadron galopant à bride abattue.

Et le poète : « La troupe nombreuse qui nous entoure veut t'adresser quelque supplication. Toi, continue, et, tout en cheminant, écoute. »

Et les ombres : « Ame qui vas te fiancer au bonheur éternel avec les organes sensibles dont tu fus doué à ta naissance, ralentis un peu ta course ;

» Examine si tu ne reconnais pas une d'entre nous pour en porter des nouvelles sur la terre. Ah! pourquoi nous fuir? de grâce, arrête-toi!

» Notre vie a été tranchée par une mort violente, et toutes, jusqu'à la dernière heure, nous vécûmes dans le péché;

» Alors la vérité divine éclaira nos ténèbres des lueurs du repentir. Nous sortîmes de l'existence en grâce avec le roi des cieux, et il nous a remplis de la soif de sa présence. »

Et moi : « Quoique je considère vos visages, ô âmes courtoises, je ne reconnais aucune de vous. Dites-moi s'il est un de vos vœux dont l'accomplissement me soit permis?

« Je l'exaucerai au nom de la paix qui m'entraîne sur les pas de mon guide, et que je cherche de monde en monde. »

Et l'une des âmes : « Chacune de nous se confie en ta bienveillance, sans aucun serment : nous craignons ton impuissance, et non pas ton mauvais vouloir.

» Moi, le premier, je te conjure de m'accorder tes prières à Fano, si un jour tu visites le pays situé entre la Romagne et le domaine de Charles;

» Accorde-moi ce don pieux, afin que l'encens de l'adoration s'exhale en ma mémoire, et que je me purifie de mes fautes pesantes.

» Je suis né dans cette ville, antique berceau des Anténorides; et, où je me croyais le plus en sûreté, me percèrent des blessures profondes : par elles s'échappa mon sang avec ma vie.

» D'Est commanda ce meurtre, lui, enflammé contre moi d'une haine injuste.

» Pourquoi ne me suis-je pas réfugié vers la Mira, lorsque je me vis atteint à Oriaco ! j'habiterais encore la sphère où l'on respire.

» Je courus dans le marais, dont la fange et les roseaux entravèrent ma fuite, et je fus renversé : le lac de mes veines ruissela sur la terre. »

Et une autre âme : « Comme se réalise le désir qui t'entraîne vers la haute montagne, daigne servir le mien avec une tendre piété.

» Je fus de Montefeltro et suis Buonconte. Ni Jeanne ni personne n'ont eu soin de ma mémoire. Voilà pourquoi, le front baissé, je pérégrine avec ces ombres. »

Moi à lui : « Quelle violence ou quelle catastrophe t'enleva de Campaldino? Jamais on ne sut le lieu de ta sépulture. »

Et l'ombre : « Au pied du Casentin coule un fleuve appelé l'Archiano; sa source naît dans l'Apennin, au-dessus de l'Eremo.

» Vers l'endroit où son bourdonnement se perd, j'arrivai, la gorge traversée, fuyant à pied, ensanglantant la plaine.

» Là, je devins aveugle et ma parole expira dans le nom de Marie, et là, je tombai : il n'y resta plus que ma chair.

» Je te confesserai la vérité; tu la rediras parmi les vivants. L'ange de Dieu me saisit, et le messager d'enfer criait : « Esprit d'en haut, » pourquoi me le ravir?

» Tu emportes la partie éternelle de ce pécheur, et tu me l'arra- » ches, pour une petite larme. Moi, je traiterai autrement sa misé- » rable dépouille. »

» Comme dans l'air se condense l'humide vapeur soudain résolue en eau, lorsqu'elle parvient à la région du froid;

» A cette élévation, l'esprit mauvais, intelligence perverse et vouée au mal, déchaîna les exhalaisons et les vents par le pouvoir de sa nature.

» Dès que la clarté fut éteinte, agitant le ciel, il enveloppa de nuages la vallée, depuis Prato-Magno jusqu'aux cimes géantes.

» L'air épais déborda en flots impétueux; la pluie inonda les ravins des torrents que ne put boire le sol;

» Puis, suivant la pente des grandes eaux, elle se précipita vers le fleuve royal avec une rapidité indomptable, et brisant tout obstacle.

» L'Archiano furieux trouva mon cadavre glacé vers son embou- chure, et le poussa dans l'Arno, en ouvrant mes bras repliés en croix sur ma poitrine, au milieu de de mon agonie.

» Après m'avoir balloté sur ses rives et dans ses bas-fonds, il m'en- sevelit tout entier dans son linceul de sable et de débris.

» — Oh! quand tu reverras le terrestre monde, et reposé de la longue route, dit un troisième esprit succédant au second,

» Aie ressouvenance de moi. Je suis la Pia; Sienne me donna le jour, la Maremme, la mort. Il le sait bien, celui qui m'avait choisie pour épouse,

» Et avait passé à mon doigt son anneau de pierreries. »

Reconnaissance de Virgile et de Sordello

CHANT SIXIÈME.

——

Le jeu de la zara fini, le perdant, tout chagrin, répète les coups et se les explique avec tristesse.

Sur les pas du vainqueur se presse la foule; elle l'assiége d'un flot mobile, en se rappelant à son souvenir;

Lui, sans s'arrêter, écoute l'un et l'autre, tend la main à un troisième satisfait, et parvient ainsi à se dégager.

Tel j'étais au milieu de cette troupe compacte, la calmant par mes promesses, et me soustrayant à ses instances.

On y remarquait l'Arétin, immolé par le bras cruel de Ghino di Taco, et son compatriote, qui se noya en poursuivant ses ennemis.

Ici priait, les mains levées au ciel, Frédérigo Novello, et le Pisan dont la mort fit briller la vertu magnanime du bon Marzucco.

Puis le comte Orso, et Pierre de la Brosse, âme innocente, comme elle l'attestait, séparée de son corps par l'envie et l'astuce, non pour ses crimes.

Que la princesse de Braban se repente donc, tandis qu'elle habite la terre, afin de ne pas être un jour plongée dans le troupeau de douleur.

Toutes les ombres imploraient par mon entremise les oraisons des mortels, dans le vœu de hâter leur purification. Lorsqu'elles cessèrent de m'entourer, je m'exprimai ainsi :

« O mon flambeau! ne nies-tu pas expressément dans ton livre la puissance de la prière pour fléchir les décrets suprêmes?

» L'espérance des pauvres âmes suppliantes serait-elle vaine, ou t'aurais-je mal interprété? »

Et lui à moi : « Ma parole a un sens très clair; leur espoir n'est pas trompeur, si on l'examine avec une droite raison.

» La majesté du jugement divin n'est point abaissée, parce que le feu de l'ardent amour accomplit en un moment la tâche de l'âme négligente.

» Quand j'établis ce principe, la faute ne pouvait s'expier par la prière, le pécheur, objet de l'intercession, vivant hors la loi de Dieu.

» Sans te troubler de doutes obscurs, attends l'immortelle sainte, étoile promise entre ton intelligence et la vérité.

» J'ignore si tu me comprends; je parle de Béatrice : elle t'apparaîtra sur le faîte de ce mont, heureuse et riante. »

Et moi : « Cher guide, hâtons-nous; je ne sens plus ma fatigue; et considère, à présent, la montagne nous protége de son ombre. »

Et le maître : « Nous avancerons le plus possible; mais cette route diffère de ce que tu la crois.

» Avant d'en atteindre la cime, tu salueras le retour de l'astre, déjà caché derrière la côte; voilà pourquoi ton corps ne brise plus ses rayons.

» Seule et immobile, une âme nous contemple : elle nous enseignera la voie la plus directe. »

O âme lombarde, combien tu semblais altière et dédaigneuse! Comme, en nous regardant, noble et grave ton maintien!

Muette, elle nous laissait venir, et nous observait dans l'attitude d'un lion qui se repose.

Virgile, s'approchant, la pria de nous indiquer le bon chemin. Elle, sans répondre à sa demande, s'informa de notre pays et de notre sort.

Mon guide bien-aimé nomma Mantoue. Aussitôt l'ombre solitaire se levant, s'écria : « O Mantouan, je suis Sordello de ta ville chérie. » Et ils s'embrassèrent.

Ah ! Italie esclave, séjour de douleur, navire sans pilote dans l'affreuse tempête, non plus reine des peuples, mais bazar impur ;

Rien qu'au doux nom de sa terre natale, cette belle âme fut prompte à traiter fraternellement un concitoyen.

Et aujourd'hui tes enfants ne peuvent vivre sans guerre. Ceux qu'enferment une même muraille et un même fossé se rongent entre eux.

Cherche, misérable, autour de tes rives; regarde dans ton sein; vois si une seule partie de tes membres goûte la paix.

Vainement Justinien t'a forgé le frein des institutions, si la selle impériale reste vide! leur vieux lustre accroît ta honte.

Ah ! race révoltée, laisse s'affermir César sur ta selle, si tu ne méprises le devoir prescrit par Dieu.

Regarde, ô Albert le Germain! comme la bête est devenue rétive pour ne pas avoir senti tes éperons, depuis l'heure où tu la tiens en bride;

Tu la livres à sa brutalité indomptable et sauvage, toi qui devrais enfourcher ses arçons.

Qu'un sévère jugement tombe du ciel étoilé sur ta race! éclatant et nouveau, qu'il porte l'effroi chez ton successeur!

Car, éblouis ailleurs par la cupidité, ton père et toi vous avez souffert qu'on désertât le jardin de l'empire.

Viens voir, homme insoucieux, les Capulets et les Montaigus, les Monaldi et les Filippeschi, les uns déjà contristés, les autres pleins d'alarmes.

Viens, cruel! viens voir l'oppression de tes nobles; répare leurs fautes : tu apprendras comme Santafiora est un asile sûr.

Viens voir ta Rome qui te pleure, veuve délaissée, criant jour et nuit : « Mon César, pourquoi m'abandonnes-tu? »

Viens voir comme les compatriotes s'aiment! Si tu n'as pas pitié de nos désastres, du moins rougis de ta renommée.

Pardonne mon cri d'angoisse, ô Dieu souverain crucifié pour nous! ton regard équitable s'est-il détourné de nos rives ?

Ou bien prépares-tu, dans l'abîme de ta pensée, quelque immense travail inaccessible à notre débile prévoyance?

Ah! villes d'Italie, repaires de tyrans! un Marcellus éclot dans tout manant qui ameute un parti.

Sois contente de cette digression, ô ma Florence! elle ne te concerne point, grâce à la sagesse de ton peuple.

Grand nombre ont la justice dans le cœur; mais ils l'y renferment, afin de ne pas tirer l'arc imprudemment, et ton peuple a la justice au bord des lèvres.

Plusieurs, en mainte ville, refusent les charges publiques; mais ton peuple, plein de sollicitude, s'offre volontairement, et crie : « Voilà mon dos ! »

Sois donc joyeuse; tu en as bien sujet : n'es-tu pas riche, prudente, paisible? L'effet ne dément pas mes discours.

Athènes et Sparte, mères des lois antiques, reines de civilisation, furent auprès de toi de faibles modèles;

Auprès de toi, qui files en octobre des règlements subtils éclipsés avant la moitié de novembre.

Combien de fois, depuis les temps dont tu te souviens, as-tu changé tes lois, tes monnaies, tes offices, tes coutumes et les chefs de ta cité?

Si jamais la mémoire et le jugement t'éclairent, tu te verras semblable à une malade inquiète et agitée sur sa couche :

Elle change sans cesse d'attitude pour fuir la douleur.

La Barque des Ames.

CHANT SEPTIÈME.

Après les tendres effusions réitérées de son courtois accueil, Sordello se retira un peu en disant : « O voyageurs, qui êtes-vous ? »

Et le maître : « Mes ossements furent ensevelis par Octave avant le jour où cette montagne devint l'échelle des âmes choisies pour s'élever à Dieu.

» Je suis Virgile, et j'ai perdu le ciel, non pour un crime, mais pour n'avoir pas connu la foi. »

L'homme, témoin d'une vision surprenante, demeure en proie au doute : tel parut Sordello.

Puis, baissant humblement les yeux, il s'approcha de Virgile, dont il embrassa les genoux.

« Honneur des Latins, s'écria-t-il, par toi notre langue a signalé sa grandeur sublime, ô gloire éternelle de mon pays !

» Quel mérite ou quelle grâce me vaut ta présence ? Si tu me trouves digne de t'entendre, réponds-moi : viens-tu de l'enfer, et de quel cercle ? »

Et Virgile : « Une vertu céleste me dirige..... je marche à sa clarté. Je suis parvenu jusqu'ici à travers tous les cercles du royaume douloureux.

» Le soleil de béatitude où tu aspires me fut révélé trop tard : il m'est à jamais interdit. Quoique pur de mauvaises actions, je n'ai pas eu la source des bonnes œuvres.

» Il est aux portes de l'abîme un lieu attristé par les ténèbres, non par les tourments; les lamentations n'y résonnent pas comme des cris, mais comme des soupirs.

» J'habite son enceinte avec les petits innocents blessés par les dents de la mort avant d'avoir été lavés de la tache originelle;

» Avec les âmes qui, exemptes de vices, déshéritées du vêtement radieux des trois vertus saintes, pratiquèrent toutes les autres vertus.

» Maintenant, si rien ne te le défend et ne te le cache, veuille nous instruire, pour hâter notre pèlerinage, de l'endroit direct où s'ouvre le purgatoire. »

Et l'esprit : « Notre libre essor n'a point de limites fixes; j'ai la faculté de parcourir les hauteurs et les circuits de la montagne : je m'offre à te guider aussi loin qu'il m'est permis.

» Le jour s'efface; la nuit rend notre voyage impossible, et la prudence nous conseille de faire halte.

» A droite, dans un refuge désert, veillent quelques âmes : daigne t'y laisser conduire. Leur entretien ne sera pas sans charme. »

Et Virgile : « Quel obstacle rencontrerait celui qui voudrait gravir la nuit? en serait-il empêché, ou les forces lui manqueraient-elles? »

Rayant la terre avec son doigt, le bon Sordello reprit : « Vois cette ligne étroite : tu ne la franchirais pas après le coucher du soleil.

» Nul obstacle n'existe, hors les ténèbres : leur bandeau nocturne oppose une entrave invincible à tes efforts.

» On risquerait d'errer dans la nuit, soit à l'entour, soit au bas de la côte, tandis que l'horizon nous dérobe le jour. »

Et mon maître émerveillé : « Conduis-nous vers l'asile où l'on peut s'arrêter avec plaisir. »

A peine en route, je m'aperçus bientôt que la montagne recélait des vallons pareils à ceux de la terre.

« Retirons-nous, dit Sordello, dans une de ces vallées creuses, et nous y attendrons l'aurore. »

Entre la plaine et la colline serpentait un oblique sentier : il nous mena au flanc du val, où expire la pente.

L'argent fin, la pourpre éblouissante, l'or, la fraîche émeraude au moment où on la brise, le blanc de céruse, le bois de l'Inde lumineux et pur, ravissants prodiges !

Comme auprès d'une beauté supérieure une beauté moindre, leurs vives splendeurs s'éclipseraient auprès des gazons et des fleurs semées dans ce réduit.

La nature ne l'avait pas seulement orné de ses plus riches teintes : elle y répandait un parfum inconnu composé de mille odeurs suaves.

Assises sur le vert jardin de la prairie, des âmes invisibles au dehors, derrière l'escarpement de la vallée, chantaient : « *Salut, reine des cieux.* »

Le Mantouan, notre guide : « Attendez le crépuscule ; alors je vous conduirai près des ombres chanteuses.

» De l'éminence, vous saisirez leurs traits et leurs attitudes mieux qu'au milieu de leur groupe.

» Reconnaissez Rodolphe l'empereur dans l'esprit placé sur le plus haut rang, la lèvre close au chant de ses compagnons ; il semble avoir négligé sa tâche.

» Par lui pouvaient se guérir les plaies dont l'Italie est morte. Quel autre la ressusciterait ? Hélas ! l'heure n'est plus.

» Le second, dont le regard le console, gouverna la contrée où jaillissent les eaux roulées par la Moldava dans l'Elbe, et par l'Elbe dans la mer ;

» Il eut nom Ottocar, et, dès les langes, valut mieux que son fils Venceslas, dont l'âge viril se vautra dans la luxure et la paresse.

» Et l'ombre camuse, échangeant ses confidences avec sa compagne d'une figure si bienveillante, mourut en fuyant et en flétrissant les lis ;

» Regardez comme elle se bat la poitrine. La quatrième appuie en soupirant son visage contre sa main.

» Toutes deux sont le père et le beau-père du roi, malheur de la France. Ils connaissent sa vie grossière et dégradée; de là l'aiguillon de leur chagrin.

» L'esprit à l'aspect robuste s'accorde en chantant avec le suivant, remarquable par son nez aquilin : cet esprit porta jadis la ceinture de toutes les vertus.

» S'il avait compté pour successeur le jouvenceau placé derrière lui, sa valeur se fût transmise de père en fils comme la liqueur de vase en vase.

» On n'en saurait dire autant de ses autres héritiers, Jacques et Frédéric, posssédant bien les royaumes, non le plus noble trésor de l'héritage.

» Le probité humaine remonte rarement dans les rameaux. Ainsi le veut le souverain dispensateur, afin qu'on la demande à sa vraie source.

» Mes paroles concernent également l'ombre au nez aquilin. Pierre est celui dont le chant l'accompagne : ombre fatale, par qui gémissent la Pouille et la Provence.

» Autant de la semence a dégénéré la plante, autant la reine Constance tire orgueil de son époux : consolation refusée à Béatrice et à Marguerite.

» Plus loin, à l'écart, Henri d'Angleterre, le roi simple de mœurs : sa tige enfanta de meilleurs rejetons.

» Au-dessous est étendu parmi eux, l'œil levé, Guillaume le marquis, dont le trépas coûta des larmes. Alexandrie et ses guerriers le vengèrent :

» Ils firent pleurer Montferrat et le Canavesan. »

Deux Anges gardent la Vallée contre le Serpent

CHANT HUITIÈME.

———

Déjà c'était l'heure qui ranime les regrets du navigateur et attendrit son âme, le jour où il dit adieu à ses doux amis;

L'heure où le nouveau pèlerin se sent blessé d'amour, s'il entend tinter dans le lointain la cloche dont la voix semble pleurer le jour près de mourir.

Aucun son ne troublait plus le silence. Je regardai une des âmes : debout, elle faisait signe pour être écoutée.

Les yeux fixés vers l'Orient, elle joignit et leva les deux mains, comme dans l'extatique ardeur de la seule contemplation de Dieu.

Elle entonna dévotement l'hymne : « *Avant la fin du jour.* » Captivé par la magie de ses accords, je m'oubliai moi-même.

Et les autres âmes, pieusement et harmonieusement, la suivirent pendant l'hymne entière, les yeux fixés sur les routes célestes.

Applique bien ici, lecteur, ton esprit à la vérité : tu peux facilement pénétrer son voile diaphane.

Dans le silence et l'attente, cette noble troupe, humble et pâle, regarda le ciel;

Il en descendit deux anges armés d'une double épée flamboyante dont la pointe était brisée.

Vertes comme les jeunes feuilles printanières ondoyaient leurs robes flottantes au vent de leurs vertes ailes.

L'un plana au-dessus de nous, l'autre sur le bord opposé; entre eux se trouvaient les âmes.

On discernait les blondes têtes des deux anges; mais l'œil s'abaissait devant l'éclat de leurs faces : telle une force impuissante succombe à une trop vive épreuve.

Et Sordello : « Les deux messagers divins quittent le trône de Marie pour garder la vallée contre l'approche du serpent. »

Ne sachant de quel côté le monstre devait venir, moi, je me serrai contre mon fidèle maître.

Et Sordello reprit : « Allons près des ombres illustres; nous converserons avec elles : il leur sera précieux de vous voir. »

J'avais seulement descendu trois pas; mon attention fut éveillée par une des âmes dont le regard cherchait à me reconnaître.

L'air s'obscurcissait par degrés... Aux dernières lueurs du crépuscule mourant, nous nous avançâmes l'un vers l'autre.

Noble juge! ô Nino! combien je fus heureux de me convaincre que tu ne te lamentais point parmi les coupables.

Après de tendres salutions, l'ombre me demanda : « Depuis quand les ondes lointaines t'ont-elles porté au pied de la montagne? »

Et moi : « Par les cercles lugubres, je suis entré ici ce matin. Je n'ai point perdu ma première existence. Mon pèlerinage est un acheminement à la vie immortelle. »

En écoutant ma réponse, Sordello et l'âme reculèrent, frappés d'un étonnement subit.

Le Mantouan se tourna vers Virgile; le juge, appelant une âme assise plus loin, lui criait : « Viens, Conrad : admire le prodige de la grâce divine. »

Puis à moi : « Par la reconnaissance profonde, ton pieux devoir envers celui dont la source mystérieuse s'enveloppe de nuages inaccessibles à la vaine recherche des créatures :

» Quand tu auras traversé les larges ondes, adjure ma fille Jeanne d'intercéder pour moi vers la région où l'on accueille la prière des innocents.

» Pour sa mère, elle ne m'aime plus sans doute; car elle a dépouillé les bandeaux blancs : bientôt elle les regrettera, la malheureuse !

» Son exemple prouve combien dure peu dans le cœur d'une femme le rayon d'amour que n'alimentent plus les regards et les caresses.

» La vipère, sculptée dans l'écusson milanais, ne lui érigera pas une belle tombe comme la lui aurait faite le coq de Gallura. »

En parlant, tout son être paraissait animé de ce zèle sincère et fervent uni à la modération.

Mes yeux avides se dirigeaient vers le point du firmament où les étoiles gravitent d'une marche plus lente, semblables à la partie d'une roue la plus rapprochée des essieux.

Et Virgile : « Mon fils, que regardes-tu là-haut? » Et moi à lui : « Ces trois astres illuminant le pôle enflammé. »

Et lui : « Leur triade remplace les quatre étoiles brillantes contemplées par toi à l'aurore et disparues sous l'horizon. »

A peine finit l'explication du maître; Sordello l'attira en disant : « Voilà notre ennemi ! » Et du doigt il le lui désigna.

Dans la partie découverte du val rampait un serpent : le même peut-être avait offert à Ève le fruit d'amertume.

A travers l'herbe et les fleurs glissait le hideux reptile, tournant parfois sa tête en arrière, et se léchant comme une bête lissant sa peau.

Je ne sais comment les autours célestes prirent leur essor : ils se déployèrent soudain.

Sentant frémir l'air sous leurs ailes verdoyantes et rapides, le tentateur s'enfuit; d'un vol égal, les anges remontèrent à leur poste.

L'ombre, invitée par le juge à s'en rapprocher, ne cessa de m'examiner pendant le combat.

Et à moi : « Puisse ton divin flambeau conserver assez de cire pour te mener à la cime diaprée !

» Si tu as recueilli des nouvelles du Val-di-Magra ou des plages voisines, apprends-le-moi : j'ai régné dans ce pays.

» Je fus appelé Conrad Malaspina, non l'ancien, mais son descendant. Je portai à ma famille un amour qui s'épure dans la sphère expiatoire. »

Et moi : « Je n'ai point parcouru vos contrées; mais existe-t-il dans l'Europe un lieu où votre gloire n'ait retenti ?

» La renommée de votre maison signale dignement ses princes et leurs domaines; sans les avoir visités, les étrangers vous connaissent de réputation.

» Je vous le jure, et puissé-je monter aussi sûrement vers l'azur du ciel, votre noble race ne perd point le manteau d'honneur dû à sa bourse et à son épée ;

» Grâce à l'antique privilége de sa nature, seule elle persiste dans le droit chemin, quoique le roi maudit livre le monde à l'erreur. »

Et lui : « Va désormais : avant que le soleil ne se plonge sept fois dans la couche étreinte par les quatre pieds du Bélier,

» Cette opinion courtoise s'incrustera dans ton esprit, et moins profondément l'y graveraient les récits des étrangers,

» Si les décrets de la Providence suivent leur cours. »

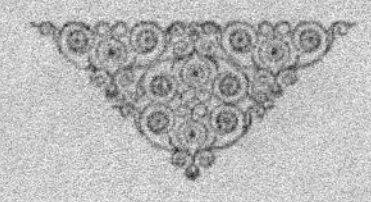

Dante ravi par l'aigle.

CHANT NEUVIÈME.

———

L'amante du vieux Titon, sortant des bras de son bien-aimé, blanchissait le bord de l'Orient;

Son front étincelait de pierreries disposées dans la forme de cet animal froid qui blesse les hommes avec sa queue.

Et la nuit, sous notre zône, avait parcouru deux degrés dans son mouvement stellaire; le troisième inclinait ses ailes.

Moi, chargé de l'héritage d'Adam, je me couchai, vaincu par le sommeil, sur l'herbe où nous étions assis tous les cinq.

A l'heure voisine du matin, quand l'hirondelle module ses tristes lais, peut-être en souvenir de ses premières douleurs;

Quand notre âme, plus dégagée des liens de la chair et moins retenue par des pensées terrestres, se transfigure dans des visions presque divines,

Il me sembla voir en songe un aigle planer dans le ciel, avec des plumes d'or, les ailes étendues, et prêt à descendre;

Et je me croyais sur le mont où Ganymède abandonna les siens, lorsqu'il fut ravi pour la céleste assemblée.

Je pensais en moi-même : « Peut-être cet aigle est-il accoutumé à s'abattre ici, et dédaigne-t-il de chercher ailleurs sa proie? »

Songe étrange! l'oiseau sacré, tournoyant, fondit, terrible comme la foudre, et m'enleva jusqu'à la région du feu.

Là, l'aigle et moi, nous brûlions ; et cet incendie, quoique imaginaire, par sa cuisante violence, interrompit ma vision.

Achille fut saisi d'un égal effroi, lorsqu'un jour, à son réveil, il promena autour de lui ses yeux incertains sur des objets inconnus ;

Sa mère, après l'avoir dérobé à Chiron, l'avait emporté tout endormi à Scyros, d'où les Grecs l'emmenèrent plus tard.

Tel je tressaillis. Le sommeil s'envola de mes paupières, et je devins blême comme un homme glacé d'épouvante.

Mon consolateur se trouvait seul à mon côté. Le soleil montait à l'horizon depuis plus de deux heures, et j'avais le visage tourné vers la mer.

Et le maître : « Ne t'alarme pas, prends de l'assurance : nous touchons au port. Loin de le ralentir, fortifie ton courage.

» Te voici parvenu au purgatoire. Observe le rempart qui le ferme et l'environne, et la porte, à l'ouverture du rempart.

» Durant l'aube, messagère du jour, pendant que ton âme sommeillait au vallon, sur l'émail des fleurs, une femme m'est apparue :

« Je suis Lucie, m'a-t-elle murmuré. Laissez-moi enlever ce voya-
» geur endormi : je l'aiderai dans son pèlerinage. »

« Sordello resta, et les autres nobles ombres. Elle t'enleva donc ; et quand le jour fut clair, elle s'en vint vers la montagne ; et moi, j'allai sur ses traces.

» Et ses beaux yeux me montrèrent l'entrée ouverte ; puis elle te posa ici. La forme charmante et ton sommeil s'évanouirent ensemble. »

Lorsqu'un homme découvre la vérité, il se rassure peu à peu, bannit son doute et change sa peur en confiance.

Pareille fut ma métamorphose. Mon guide, me voyant sans inquiétude, s'achemina vers le rempart granitique ; et je le suivis.

J'élève, ô lecteur, le sujet de mes chants : ne t'étonne pas si j'emprunte à l'art de plus savantes inspirations.

Nous étant approchés, nous arrivâmes à l'endroit où le rempart s'échancre comme une muraille lézardée par une fente ;

J'y distinguai une porte, et, au-dessous, trois degrés de couleurs diverses, et un gardien silencieux.

Mes regards se fixaient de plus en plus vers le seuil. L'ange, assis sur le degré supérieur, me terrifiait par son aspect.

Il tenait dans la main une épée nue dont les rayons se réfléchissaient sur moi ; vainement je tentai d'en soutenir l'éclat.

« Parlez sans avancer. Que demandez-vous? proféra-t-il ; où est votre guide? Craignez de vous repentir d'avoir abordé jusqu'à cette région. »

Et mon maître : « Une dame céleste, douée de la connaissance, nous a dit tout à l'heure : « Allez! voici la porte. »

« — Qu'elle protége vos pas, reprit le bienveillant gardien. Venez donc, et montez nos degrés. »

Nous lui obéîmes. La première marche offrait un marbre blanc, pur et poli, miroir où se peignait mon image vivante.

La seconde, plus sombre que la couleur perse, était formée d'une pierre rude et calcinée, pleine de crevasses transversales.

La troisième et la plus haute me paraissait d'un porphyre aussi rouge que le sang élancé de la veine ;

Cette marche servait d'estrade aux pieds de l'Ange. Le seuil de la porte sur lequel il reposait présente une roche de diamant.

Mon guide, excitant mon ardeur, me fit monter les trois marches ; et à moi : « Supplie humblement le gardien d'ouvrir cette porte. »

Je me jetai avec ferveur à ses pieds sacrés ; et, me frappant d'abord trois fois la poitrine, je l'adjurai de m'ouvrir au nom de la miséricorde.

Avec la pointe de son glaive, il m'imprima sept fois sur le front la lettre P; ensuite il me dit : « Aie soin, quand tu seras entré, de laver ces taches. »

La cendre ou la terre desséchée imiterait la couleur du vêtement de l'ange; il en tira deux clefs, l'une d'or, l'autre d'argent.

Il essaya d'ouvrir la serrure avec la blanche, puis avec la jaune, et je me sentis joyeux.

Et à nous : « Lorsqu'une de ces clefs faillit et ne tourne pas bien dans la serrure, l'huis ne s'ouvre point.

» Plus précieuse l'une des clefs; l'autre exige plus d'art et d'intelligence, car elle détend les ressorts.

» Saint Pierre me les a remises. Suivant son ordre, j'aime mieux ouvrir par erreur le seuil, que de le tenir clos aux repentants prosternés. »

Il poussa le battant de la porte austère et ajouta : « Entrez, mais sachez-le : celui qui regarde en arrière est condamné à sortir. »

La porte du royaume expiatoire roula sur ses gonds d'un métal épais et sonore ;

Avec un retentissement moins âpre rugit la tour Tarpéienne, veuve de son trésor, lorsqu'on en chassa l'intègre Métellus.

Prêtant l'oreille au moindre écho, j'ouis une voix chanter dans un concert de suaves harmonies : « Louanges à toi, mon Dieu! »

J'éprouvais, en écoutant, la sensation produite par l'accord de la voix humaine et de l'orgue;

Distinctes ou insaisissables, les paroles vibrent et se perdent tour à tour.

La Salutation Angélique.

CHANT DIXIÈME.

—

Nous franchîmes le seuil de la porte, rouillée par les mauvaises passions humaines dont l'aveuglement fait paraître droites les voies tortueuses;

Le grondement de sa chute m'avertit qu'elle venait de se refermer. Si j'avais tourné les yeux en arrière, nulle excuse n'aurait atténué ma faute.

Entre deux roches fendues, nous suivions les sinuosités du terrein, semblables à celles de l'onde mobile.

Et le maître : « L'adresse devient urgente. Serrons de près la paroi, et côtoyons ses enfoncements. »

Marche pénible et lente! Le croissant de la lune s'abaissa vers sa couche avant que nous pussions sortir du ravin.

Après nous être dégagés, nous gagnâmes un lieu découvert où la montagne rebrousse.

Moi, brisé de fatigue, et tous deux ignorant notre route, nous restâmes sur un plateau escarpé : moins vide un chemin du désert.

Du bord du précipice au pied de l'escarpement, on aurait à peine mesuré trois fois la place d'un corps d'homme.

Tout à l'entour, aussi loin que s'étendaient les ailes de ma vue, la corniche me paraissait conserver la même distance.

Nos pieds n'avaient pas encore posé sur les rudes gradins; j'aperçus, inaccessible et à pic, la paroi circulaire intérieure, toute de marbre blanc, et enrichie d'admirables bas-reliefs.

Non-seulement Polyclète, mais la nature elle-même, se fussent avoués vaincus par ces chefs-d'œuvre.

D'abord l'ange, visitant la terre avec le décret de paix imploré par tant d'années de larmes, et déliant le ciel de son antique interdit.

Gracieuse apparition! Il y était représenté fidèlement, non comme une image muette, mais vivant et ineffable. On croyait l'entendre murmurer : « Je vous salue. »

Un art égal y avait sculpté la Vierge pure et choisie pour ouvrir, comme une clef auguste, les trésors de l'amour divin.

Telle une figure s'empreint dans la cire. Dans son humble maintien on lisait sa réponse : « Voici la servante de Dieu! »

« N'attache pas ton esprit sur un seul objet, » dit mon doux maître debout près de moi, du côté où bat le cœur.

Je regardai plus loin, et je distinguai, après Marie, du côté de mon guide, une autre histoire gravée sur le rocher.

Devançant Virgile, je m'approchai pour mieux interroger cette sculpture : elle retraçait le char et les bœufs traînant l'arche sainte.

Souvenir formidable pour quiconque exerce une charge sans la mission d'en haut! Devant l'arche ondoyait une multitude divisée en sept chœurs.

Étrange contradiction de mes sens! mes yeux les voyaient chanter et mes oreilles ne les entendaient pas. La même illusion se reproduisait entre ma vue et mon odorat devant la fumée des encensoirs.

La robe relevée, dansait l'humble Psalmiste, précédant le vase bénit; et il semblait alors plus et moins qu'un roi.

Vis-à-vis, du faîte d'un grand palais, Michol observait son époux d'un air triste et dédaigneux.

Je m'arrachai de ce lieu pour examiner une scène éblouissante derrière Michol :

Elle consacrait la gloire souveraine du prince romain dont la haute vertu poussa le pape Grégoire à son triomphe miséricordieux.

C'était l'empereur Trajan : une pauvre veuve, sanglotante, éperdue, avait saisi le frein de son cheval.

L'escorte nombreuse des cavaliers se pressait autour de l'empereur ; et sur sa tête flottaient au gré du vent les bannières avec leurs aigles d'or.

La malheureuse, au milieu des guerriers et des chevaux, semblait crier : « Seigneur, venge mon fils, dont la mort me navre ! »

Et Trajan lui répondait : « Attends que je revienne. » Et la veuve, emportée par le désespoir : « O mon Seigneur ! si tu ne reviens pas ? »

Et lui : « Mon successeur te vengera. » Et la veuve : « A quoi te servira la justice d'autrui, si tu oublies ton propre devoir ? »

Et l'empereur : « Apaise-toi. Je l'accomplirai avant de partir : la justice l'ordonne et la pitié m'arrête. »

L'Éternel, pour qui n'exista jamais rien de nouveau, créa ce langage visible, nouveau pour nous ; car il ne se manifeste pas sur la terre.

Je me délectais à parcourir ces tableaux d'humilité profonde, dont l'artiste inimitable s'était plu à varier les images attachantes.

Et le poète à moi : « Vois une troupe d'âmes s'avancer lentement : elles nous dirigeront vers les degrés supérieurs. »

Mes yeux attentifs, épris des merveilles renaissantes multipliées autour de nous, se portèrent subitement vers mon guide.

Ne perds pas courage, ô lecteur ! devant le récit de l'expiation sévère par laquelle Dieu châtie les fautes.

Oublie la rigueur du supplice en songeant aux félicités de l'avenir ; et il ne saurait se prolonger au delà du dernier jugement.

Et moi : « Maître, des formes se meuvent à mes regards : elles n'ont point l'apparence de personnes. J'ignore leur nature, tant leur vue me trouble. »

Et le maître : « La dure condition de leur tourment les courbe vers le sol. Comme toi, j'ai d'abord douté de leur existence.

» Fixe tes yeux où se meuvent les objets ployés sous ces lourdes pierres, et peins-les-toi debout : juge quelle angoisse les torture de la sorte. »

Chrétiens superbes, aveugles d'esprit, misérables et faibles, vous mettez votre confiance en vos pieds chancelants : par eux vous retrogradez.

Votre raison ne vous le dit-elle pas? nous sommes des vers, nés pour former l'angélique papillon, volant sans défense à la justice divine.

Pourquoi votre esprit s'enfle-t-il d'orgueil, pareil au coq, insectes avortés, vermisseaux étouffés dans leur germe?

Quand une figure sculptée, la poitrine appuyée sur les genoux, le long de l'entablement, soutient une solive ou une toiture,

L'aspect de sa feinte souffrance cause une souffrance réelle au spectateur : ainsi j'étais en contemplant ces âmes, pauvres cariatides.

Dans leurs attitudes, elles se contractaient plus ou moins, selon le fardeau de pierre amassé sur leur dos.

La moins chargée semblait dire en gémissant : « Je succombe. »

Les Ames Orgueilleuses

CHANT ONZIÈME.

———

« Notre Père qui habites les cieux, non enfermé dans leur circonférence, mais par un amour plus grand pour les êtres supérieurs du divin empire,

« Loués soient ta puissance et ton nom par toute créature ! Gloire à ta sagesse ineffable !

» Que ton règne nous fasse luire sa paix ; car si ta grâce ne nous l'épanche, les forces même de notre intelligence ne s'élèveraient pas jusqu'à sa lumière.

» Que les hommes te sacrifient leur volonté, comme les anges te sacrifient la leur en chantant *Hosanna !*

» Donne-nous aujourd'hui la manne quotidienne : sans ton aliment nourricier, le plus laborieux recule au lieu d'avancer dans notre âpre désert.

» Dieu bienfaisant, pardonne-nous, sans égard pour notre peu de mérite, comme nous pardonnons nos tourments soufferts à nos ennemis.

» Préserve notre fragile vertu des piéges de l'ancien tentateur, et ne nous expose pas à sa redoutable épreuve.

» Le dernier verset de notre prière, ô Seigneur, nous ne te l'adressons pas pour nous, déjà hors des atteintes du démon, mais pour ceux qui sont restés derrière nos traces. »

Ainsi priant pour elles et pour nous, les âmes pénitentes s'en allaient, chacune sous leur fardeau, comme il nous arrive quelquefois en rêve.

Chargées inégalement, elles cheminaient toutes pleines d'angoisses et de fatigues le long de la première corniche, afin de se purifier des ténèbres du monde.

Si les âmes du purgatoire prient en notre souvenir, quelles offrandes et quelles prières ne leur doivent point ici-bas les cœurs compatissants et religieux?

Aidons-les, ô mortels! à se laver des souillures terrestres, afin qu'elles s'envolent légères et pures vers les roues étincelantes des étoiles.

Et Virgile à ces âmes : « Que la justice et la pitié, allégeant bientôt vos labeurs, ouvrent vos ailes selon votre désir!

« Montrez-nous le plus court chemin de l'échelle expiatoire, et, s'il y en a plusieurs, le moins escarpé;

« Car le compagnon de mon voyage, vêtu de la chair d'Adam, est lent à gravir, malgré ses efforts. »

Une âme répondit les paroles suivantes aux paroles de mon guide : « Suivez-nous à main droite. Sur la rive, vous trouverez un passage accessible à un vivant.

« Si une pierre lourde ne domptait mon front orgueilleux et n'inclinait mon visage, oh! je regarderais ce pèlerin de mon ancien globe.

« Peut-être je le connais, quoiqu'il me taise son nom; et il serait ému par mon supplice.

« Je fus Latin et fils d'un magnanime Toscan, Guillaume Aldobrandeschi ; j'ignore si sa renommée vous est parvenue.

« L'antique sang et les fastes glorieux de mes ancêtres m'inspirèrent une arrogance coupable. J'oubliai la mère commune et conçus en mépris tous les hommes;

« Ce mépris causa ma mort, comme le savent les Siennois, et comme le sait tout enfant de Campagnatico.

» Je suis Humbert. L'orgueil a perdu toute ma race et l'a précipitée dans le malheur.

» Pour racheter ma faute, je dois subir mon fardeau jusqu'à l'heure de ma complète régénération. Ce que je n'ai point fait parmi les vivants, je l'accomplis parmi les morts. »

En l'écoutant, je baissai la tête. Alors un des autres esprits se tourna sous le poids de sa charge.

Et il me vit, et il me reconnut, et il m'appela, tenant avec peine ses yeux attachés sur moi. Tout penché, j'accompagnais les ombres.

« Oh! lui dis-je, n'es-tu pas Oderisi, l'honneur d'Agubbio, l'honneur de cet art qu'on appelle à Paris enluminure? »

Et lui à moi : « Frère, on trouve plus riantes les peintures des parchemins de Franco Bolognèse : à lui maintenant toute la renommée; à moi une bien chétive part.

» Je n'aurais point rendu ce témoignage désintéressé à mon adversaire pendant ma vie, car je brûlais de la soif de surpasser mes rivaux.

» Ici on expie un tel orgueil. Encore n'aurais-je pas obtenu la joie de gravir la pyramide sainte, si, du séjour de l'erreur, je n'avais ramené mes désirs vers Dieu.

» O vanité de la gloire humaine! éphémère plante, comme ta verdure se flétrit vite sur ta cime, quand tu n'es pas consacrée par de longues périodes séculaires!

» Cimabué se crut roi de la peinture; aujourd'hui Giotto l'efface et obscurcit son lustre.

» De même un nouveau Guido ravit à l'ancien la palme du langage; peut-être un troisième rival déjà né les chassera l'un et l'autre de leur trône.

» La voix du monde n'est qu'un souffle du vent : il vient du nord ou du midi, et change de nom en changeant de côté.

» Ta réputation serait-elle plus grande, si tu devais abandonner une dépouille minée par l'âge, ou si tu étais mort avant d'avoir quitté le bégaiement de l'enfance?

» Dis, serais-tu plus célèbre, avant la révolution de trois mille années? temps plus court, auprès de l'éternité, qu'un mouvement de cil en comparaison du circuit de la plus lente sphère céleste.

» Celui dont l'ombre parcourt si peu d'espace devant moi sur le chemin remplit toute la Toscane de son nom ;

» A peine on le prononce aujourd'hui à Sienne, dont il était seigneur, quand fut humiliée la rage de Florence, alors superbe reine, et maintenant vile courtisanne.

» La renommée de l'homme naît et s'éclipse comme la couleur de l'herbe; un même pouvoir invisible la fane ou la tire verdoyante du sein de la terre. »

Et moi : « Ton discours véridique m'inspire une humilité sage, et tu abaisses ma propre enflure. Mais quelle est l'ombre dont tu parlais tout à l'heure? »

Et le pénitent : « C'est Provenzano Savani : aveugle, il se flattait d'exercer seul toute domination dans Sienne. Voilà pourquoi il halette sans repos depuis sa dernière heure : triste exemple du châtiment de l'orgueil. »

Et moi : « Les sentiers de la montagne, pour un temps égal à la durée de son existence terrestre, sont interdits à l'âme dont la négligence attend, pour se repentir, la cloche d'agonie;

» Une prière secourable peut seule lui en accélérer l'entrée. Comment donc l'abord de ce lieu a-t-il été permis à Provenzano? »

Et Oderisi : « Pendant le règne de sa gloire, un jour, il s'agenouilla volontairement au milieu de la place de Sienne, en déposant toute fausse honte;

» Là, pour abréger les souffrances de son ami, languissant dans les prisons de Charles, il adjura la compassion en frissonnant de tous ses membres.

» Je n'en raconterai pas davantage; mes paroles sont obscures : dans peu les actes de tes concitoyens t'en expliqueront le sens.

» Cette bonne œuvre a brisé la barrière devant Provenzano. »

Lucifer.

CHANT DOUZIÈME.

Comme une paire de bœufs marchant sous le joug, moi et l'âme chargée, nous cheminâmes de front, tant que le permit le doux maître.

Bientôt il me dit : « Abandonne cette ombre ; avance. Il faut s'aider ici de la voile et des rames pour naviguer avec promptitude. »

Malgré l'abattement et la mélancolie de mes pensées, je redressai mon corps et hâtai ma course.

Lui et moi, nous montions d'un pas leste ; je le suivais sans effort.

Et mon guide : « Pour alléger les fatigues de la route, considère le sol foulé par tes pieds. »

Dans les églises, le pavé sépulcral reproduit les traits des défunts ensevelis sous leurs dalles et conserve leur mémoire ;

L'âme pieuse, affectée d'un triste souvenir, se prend à pleurer devant ces images funèbres.

Telle m'apparut, entre la montagne et l'abîme, toute la voie sculptée de mille figures, où l'invisible architecte avait imprimé la perfection.

Je voyais d'un côté tomber du ciel comme la foudre l'archange formé d'une essence plus noble que les autres êtres.

Sur le revers opposé gisait à terre Briarée, atteint du trait céleste, et engourdi par le froid de la mort.

Plus loin Tymbrée; puis Mars et Pallas, encore armés autour de leur père, contemplant les membres épars des races titaniques.

Nembrod, au pied de sa tour géante, regardait, comme en démence, les nations naguère ses compagnes dans le Sennaar.

O Niobé! avec quels stygmates douloureux tu revivais sur ces cryptes de deuil, entre les sept cadavres de tes enfants.

O Saül! c'était bien toi, étendu, percé de ton propre glaive sur le Gelboé, veuf, après ce jour, de la pluie et de la rosée divine.

Triste sur les lambeaux de la toile fatale, ourdie pour ta perte, ô folle Arachné! je t'apercevais là, changée à demi en insecte hideux.

Ici, ton visage, ô Roboam! ne menace plus; car, plein d'épouvante, tu fuis sur ton chariot avant d'être chassé par ton peuple.

Le dur pavé montrait aussi comment Alcméon fit expier à sa mère sa criminelle parure;

Il montrait les fils de Sennachérib se jetant sur lui dans le temple où ils laissèrent son cadavre.

Tableau terrible de la ruine et du supplice de Cyrus! Thomirys lui disait : « Tu as eu soif de sang; je t'emplis de sang. »

La déroute des Assyriens, après la mort d'Holopherne, et les traces du meurtre, s'y peignaient en lugubres scènes.

Troie, cendre et décombres! ô Ilion! comme les sculptures lamentables te représentaient abattue et avilie!

Quel maître, par le pouvoir du pinceau ou du ciseau, transfigura les ombres et les attitudes dignes d'enthousiasmer le génie le plus habile!

Les morts paraissaient morts, et les vivants, vivants. Le témoin des faits réels gravés sur la pierre où je marchais incliné ne les contempla pas mieux.

Or, enorgueillissez-vous et allez la tête haute, ô fils d'Ève! et ne baissez pas les yeux pour voir votre mauvais sentier.

Notre examen nous avait dérobé une partie de notre pèlerinage autour de la montagne, et l'ascension rapide du soleil dans son cours.

Mon guide attentif à moi : « Lève le front ; accélère ton pas lent et distrait. Voici un ange prêt à se diriger vers nous. La sixième servante du jour a fini son œuvre.

» Empreins de respect ton maintien et ton visage, afin que le céleste messager nous facilite l'accès des hautes régions : le jour présent ne rayonnera plus. »

Les avis du maître m'avaient accoutumé à sentir le prix du temps : je n'avais pas de peine à le comprendre.

La belle créature venait à nous, vêtue de blanc, et sa figure scintillait comme l'étoile du matin.

Elle ouvrit les bras, puis les ailes, et articula ces paroles : « Approchez ! près d'ici sont les degrés faciles à gravir pour les âmes purifiées. »

Un petit nombre répond à cet appel. O race humaine ! née pour voler en haut, pourquoi déchoir de la sorte au moindre aquilon ?

L'ange, nous menant à l'escalier de la roche, me toucha le front de son aile, et me promit un paisible voyage.

A droite, sur une montagne, s'élève l'église qui domine Florence, la ville bien gouvernée ;

Au-dessus de Rubaconte, la pente roide s'adoucit par des marches taillées au temps où les registres et les mesures publiques jouissaient de la vénération des citoyens ;

De même s'adoucit la pente escarpée tombant du cercle supérieur. Mais on frôle en passant les deux parois de la roche.

Tandis que l'ombre de Virgile et mon corps se glissaient dans l'étroit défilé, nous entendîmes des voix chanter avec une douceur inexprimable : « Heureux les simples d'esprit ! »

Combien ces routes profondes ressemblent peu au labyrinthe de l'enfer ! ici, l'on entre parmi les chants ; là-bas, à travers les gémissements furieux.

Nous gravissions les gradins sacrés. Je me sentais bien plus léger que sur la plaine.

» Maître, m'écriai-je, de quel lourd fardeau m'a-t-on délivré? la marche ne me cause presque plus de fatigue. »

Et Virgile : « L'une des lettres marquées sur ton front a disparu, et les autres s'affaiblissent.

« Quand elles seront toutes effacées, tes pieds agiles serviront mieux tes désirs : la fatigue de la montée se changera en joie. »

Parfois, sans le savoir, on porte sur la tête un objet dont les signes des passants vous avertissent; et la main, remplissant l'office de la vue, cherche aussitôt à s'en assurer.

Ainsi, étendant les doigts de la main droite, je ne trouvai plus sur mon front que six des lettres gravées par l'ange gardien des clefs.

Mon guide, en me regardant, se prit à sourire.

Vol d'Esprits Célestes.

CHANT TREIZIÈME.

———

Nous étions arrivés au sommet de l'escalier où, pour la seconde fois, se resserre la montagne expiatoire.

Une autre corniche, pareille à la première, entoure la hauteur. Seulement sa circonférence est plus étroite.

On n'y trouve ni reliefs, ni sculptures; les bords s'offrent tout unis, la route perpétuellement nue, la pierre d'une couleur livide.

Et le poëte : « Si nous attendons le passage d'une âme pour demander notre chemin, nous nous déciderons tard à choisir, j'en ai peur. »

Puis il fixa ses regards sur le soleil, et, prenant pour centre son pied droit, il tourna en pirouettant à gauche.

« Douce lumière sous laquelle j'entre avec confiance dans le sentier nouveau, murmura-t-il, conduis-nous à travers cette enceinte.

« Tu réchauffes le monde et tu l'éclaires; à moins d'un motif supérieur, tes rayons doivent toujours nous guider. »

Nous avions parcouru l'espace d'un mille terrestre, et en peu de temps, car notre ardeur était grande.

Lors nous sentîmes voler vers nous, sans les voir, des esprits qui invitaient courtoisement les âmes au banquet d'amour.

La première voix passa en volant, et dit d'un ton sonore : « Ils n'ont pas de vin. » Et, derrière nous, elle le répétait dans sa fuite.

Avant qu'on eût cessé de l'ouïr, une autre passa en criant : «Je suis Oreste!» Et, comme la première, elle ne s'arrêta point.

Et moi à Virgile : «O père! quels sont ces murmures?» Et comme je l'interrogeais, voici un troisième esprit disant : « Aimez vos ennemis.»

Et le bon maître : « Ce cercle punit les âmes coupables du péché de l'envie, et l'amour agite les cordes du fouet qui les tourmente.

» Des paroles contraires à leur passion, voilà le frein des pécheurs. Tu les entendras sans doute avant d'aborder au lieu du pardon.

» Regarde bien à travers l'espace : tu verras des âmes accroupies sur le sol devant nous, et chacune d'elles adossée le long du rocher.»

Je regardai avec plus d'attention, et je discernai des ombres enveloppées de manteaux couleur de la pierre.

Nous étant un peu avancés, j'entendis gémir : « Priez pour nous, Marie. » Puis encore : «Michel, Pierre et tous les saints, priez pour nous. »

Le plus insensible d'entre les hommes du siècle serait ému de compassion au spectacle dont je fus frappé.

Plus proche de ces âmes, je sentis, à l'aspect de leurs mouvements, une grande douleur déborder en larmes de mes yeux.

Les pénitents me paraissaient couverts d'un vil cilice. Chacun d'eux soutenait l'autre sur son épaule ; tous s'appuyaient contre la roche.

Ainsi les aveugles mendiants se tiennent devant les églises des indulgences pour quêter leurs aumônes, et l'un appuie sa tête sur l'autre.

Par leur douloureuse attitude, ils espèrent éveiller la pitié dans les cœurs, autant que par leurs prières lamentables.

Et comme le soleil ne brille pas pour les aveugles, la lumière céleste refuse sa clarté à ces ombres ;

Toutes ont les paupières percées, cousues avec un fil de fer, comme on dompte l'épervier sauvage.

Je croyais outrager le malheur des pauvres martyres en marchant près d'elles sans être visible à leur vue.

Je me tournai donc vers mon sage conseiller; lui, devinant ma pensée: « Parle, sois bref et précis. »

Virgile cheminait du côté de la corniche d'où l'on peut tomber dans l'abîme, parce qu'aucune barrière ne la protége.

Sur l'autre bord se pressaient les ombres souffrantes, à qui d'horribles coutures arrachaient des pleurs et en baignaient les joues.

» O vous! commençai-je en les regardant, conviées à l'immortel festin de la lumière, votre unique désir,

» Que la grâce dissipe les ténèbres de votre conscience et y épanche limpide et pur le fleuve de votre raison!

» Dites-moi s'il se trouve parmi vous une âme latine? Il me sera doux de l'apprendre, et peut-être à elle de me l'avoir appris.

— » O mon frère! chacun de nous est citoyen de la véritable cité: tu veux dire une âme qui ait accompli le pèlerinage de ses jours en Italie? »

On me répondait ces paroles d'un endroit un peu reculé. J'essayai de me faire ouïr vers le même point.

Une des autres ombres avait l'air d'attendre; je m'en aperçus; car elle tenait le menton levé à la manière des aveugles.

Moi à elle: « Esprit qui t'abaisses pour te régénérer, si tu es celui dont la lèvre m'a répondu, instruis-moi de ton pays et de ton nom. »

Elle à moi: « Je fus Siennoise, et je purifie en ces lieux mon existence coupable. J'offre mes pleurs au maître divin dont nous devons admirer la gloire.

» On me nommait Sapia, c'est-à-dire sage: néanmoins je ne justifiai point ce nom; et le malheur d'autrui me remplit de plus d'ivresse que mon propre bonheur.

» Écoute, et tu apprécieras la vérité de mes discours en sachant ma folie. Déjà le cercle de mes ans commençait à décliner;

» Mes concitoyens campaient auprès de Colle, vis-à-vis leurs adversaires. J'invoquai contre eux la colère divine suspendue sur leur front.

» Ils furent renversés, selon mon vœu, et réduits à l'amer sentier de la fuite; et moi, contente de leur défaite, j'éprouvai une joie sans bornes.

» La tête en démence, je criai au souverain maître : « Désormais je ne te crains plus. » Ainsi chante le merle pour quelques lueurs de beau temps.

» Sur la fin de ma vie, je voulus me réconcilier avec mon Créateur. La pénitence eût été insuffisante, sans les prières commémoratives du charitable Pettignano.

» Mais qui es-tu, toi dont la poitrine respire, et qui vas, les yeux ouverts, en t'informant de notre condition?

— » Mes paupières, lui repartis-je, seront cousues ici pour un faible intervalle; j'ai peu connu le péché d'envie.

» Le supplice du cercle inférieur m'effraie bien davantage quand j'y songe, et le fardeau qu'on y porte déjà me pèse. »

Et l'ombre : « Quel messager t'a conduit parmi nous à cette hauteur, si tu dois redescendre là-bas? »

Et moi : « Mon compagnon silencieux. Je suis vivant. Apprendsmoi, esprit élu, tes désirs : mes soins les rempliront sur le globe terrestre. »

Et l'ombre : « Un tel miracle manifeste la faveur signalée de Dieu : aide-moi de tes oraisons.

» Par tes songes les plus chers, je t'en conjure, si jamais tu foules la terre de la Toscane, réhabilite ma mémoire parmi mes proches ;

» Tu les rencontreras au milieu de la nation vaine dont l'espoir se fonde sur Talamone; avant de le réaliser, elle découvrira plutôt la chimérique Diana.

» Les amiraux futurs y subiront des traverses plus décevantes. »

Deux Esprits s'entretenant de Dante et de Virgile

CHANT QUATORZIÈME.

—

« Quel voyageur gravit notre montagne avant que la mort ait délié les ailes de son âme? il ouvre et ferme les yeux à son gré.

— » Je ne le connais pas. Un compagnon le suit : interroge-le, toi, son voisin, et accueille-le avec courtoisie, afin de le décider à te répondre. »

Ainsi conversaient à main droite deux esprits appuyés l'un sur l'autre. Ensuite ils levèrent leur visage pour m'adresser la parole.

Et l'un d'eux : « O âme enfermée dans une enveloppe corporelle! toi qui montes vers les cieux, par charité, console-nous et réponds-nous.

» D'où viens-tu? qui es-tu? L'insigne faveur dont t'a doué la grâce nous émerveille comme un prodige. »

Et moi : « A travers la Toscane coule un petit fleuve naissant à Falterona, et dont un cours de cent milles ne lasse point l'essor.

» Près de ce fleuve, j'ai revêtu la chair corruptible. Dire mon nom serait chose vaine : il ne retentit pas beaucoup. »

Et l'âme : « Autant que mon jugement saisit bien ton langage, tu désignes l'Arno. »

Et une autre âme : « Pourquoi a-t-il caché le nom de sa rivière natale, comme l'on tait une chose horrible? »

Et l'ombre questionnée : « Je ne sais. Toutefois, que le nom de cette vallée s'anéantisse ! car cela est juste.

» La vertu n'a point d'asile depuis la source du fleuve, où se dresse le mont colossal et supérieur dont a été détaché le Pélore, jusqu'à son embouchure,

» Lieu où il se précipite pour réparer les pertes occasionées par le grand astre aux mers, nourrices des fleuves et des vapeurs, aliment de leurs ondes.

» La vertu, dis-je, y est fuie à l'égal d'un serpent odieux, soit par une malédiction du pays, soit par l'effet d'une habitude funeste.

» Les hôtes de la misérable vallée ont perverti leur nature, comme si la magicienne Circé les avait repus d'herbes malfaisantes.

» La rivière creuse d'abord son maigre lit au milieu de pourceaux immondes, plus dignes de vivre de glands que des aliments réservés aux hommes.

» Elle rencontre en descendant des roquets hargneux et d'une jactance ridicule pour leurs forces : aussi s'en détourne-t-elle avec dédain.

» Et plus elle va rapide, plus elle grossit, la rivière maudite et malheureuse, plus elle trouve de chiens transformés en loups.

» Puis, se plongeant à travers des gorges profondes, elle baigne des renards pleins de fraude, ne craignant ni piége ni ruse.

» Je parlerai encore, quoiqu'un autre m'entende ; et mes discours éclaireront ce voyageur mortel, s'il se souvient de mes prédictions inspirées par un esprit véridique.

» Rinieri, je vois ton petit-fils sur les bords du fleuve cruel : il se fait chasseur de ces loups et leur apporte l'épouvante.

» Tout vivants, il trafique de leur chair ; plus tard, il les tue comme de vieux bestiaux, et ensevelit son honneur dans le sang de ses nombreuses victimes ;

» Enfin il sort sanglant de la lugubre forêt. D'ici à mille ans, elle ne pourra refleurir dans sa première vigueur. »

Comme s'altère le visage de l'homme assailli par l'annonce de malheurs futurs, je vis se troubler et s'attrister l'âme inclinée pour recueillir le son de ces paroles.

Le langage des deux ombres me donna le désir d'apprendre leur nom : je le leur demandai avec une vive instance.

Et le premier esprit, mon interlocuteur : « Tu me réclames la faveur que tu me refuses ; la grâce divine t'assiste. Je ne me rendrai point rigoureux.

» Je suis Guido del Duca. L'envie brûla mon sang ; la joie de mes pareils répandait sur mes joues une teinte livide.

» Voilà le fruit de ma semence. O race d'Adam ! pourquoi placer tes convoitises dans l'étroit domaine où le bonheur s'achète par l'exclusion du bonheur d'autrui.

» Cette ombre fut Rinieri, le trésor, l'honneur de la maison de Calboli ; aucun de ses descendants n'a hérité de ses vertus.

» Entre l'Éridan et la montagne, entre la mer et le Réno, les descendants ne sont pas seuls déshérités des biens nécessaires à la connaissance du vrai et aux félicités de la vie ;

» Sur les mêmes confins, le sol empoisonné de rejetons vénéneux ne saurait produire un germe bienfaisant.

» Où sont le bon Licio, Manardi, Pierre Traversaro et Guido de Carpigna ? O Romagnols ! ô race dégénérée !

» A Bologne, un forgeron fait souche nobiliaire ; à Faenza, un Bernardin di Fosco, sorti d'une chétive graine, devient une tige seigneuriale.

» Ne t'étonne pas si je pleure, ô Toscan ! oui, je pleure, lorsque je me rappelle Guido de Prata, Ugolin d'Azzo, notre contemporain, Frédéric Tignoso et tous les siens.

» Hélas ! ô triste souvenir ! les deux familles Traversara et des Anastagi ont perdu leur héritage de probité.

» Je pleure en me rappelant les dames et les chevaliers, leurs travaux et leurs plaisirs. La courtoisie et l'amour animaient les cœurs dans le même lieu où la dépravation les ronge.

» O castel de Brettinoro! pourquoi n'as-tu point croulé? Tes maîtres et tant de seigneurs se sont exilés pour échapper à l'opprobre du crime.

» Bagnacavallo n'enfante plus de fils : tant mieux! Castocaro se dégrade; Conio plus encore, d'engendrer de semblables comtes.

» Les Pagni pourront se perpétuer, quand leur démon aura fui. Néanmoins il ne restera jamais d'eux une mémoire bien pure.

» O Ugolin de Fantoli! tu ne verras point de tache obscurcir l'éclat de ton nom; car il ne te naîtra plus d'héritiers.

» Retire-toi désormais, ô Toscan! j'aime mieux maintenant pleurer que parler. Le souvenir de mon pays me navre d'angoisse. »

Comme ces âmes chéries nous entendaient marcher, leur silence nous rassurait sur notre chemin.

Tout en poursuivant, dès que nous restâmes seuls, pareille à un foudre sillonnant l'air, une voix soudaine : « Quiconque me trouvera doit me tuer! »

Elle s'éloigna aussi vite que le tonnerre après avoir déchiré le nuage. Notre oreille se reposait à peine du bruit de cette voix, une seconde retentit avec un grondement formidable; tel un nouveau tonnerre succède au premier :

« Je suis Aglaure, jadis changée en pierre. » Je reculai d'effroi en me serrant contre le poète. Cependant de toutes parts flottait l'air calme. Et Virgile : « Voilà l'exemple sévère dont le frein devrait enchaîner l'homme dans ses limites.

» Mais vous mordez à l'appât, et le piége de l'antique ennemi vous attire. Peu vous importent le frein et les vaines leçons.

» Les cieux vous convient et dansent leur mélodieuse ronde en vous déployant leurs immortelles beautés; votre œil stupide ne regarde que la terre.

» Le souverain scrutateur vous châtie dans sa justice. »

Flaxman

Purgatoire Chant 13.

Un Ange guide Dante et Virgile.

CHANT QUINZIÈME.

———

Autant la sphère qui se meut sans trève comme un enfant met d'intervalle à parcourir son cercle de la troisième heure à la naissance du jour;

Autant le soleil paraissait avoir à franchir de son cours afin d'arriver au soir. Vesper se levait dans notre zône, et sur la terre il était minuit.

Les rayons nous atteignaient au milieu du visage, car nous avions achevé le tour de la montagne, et nous marchions droit vers le couchant.

Soudain une clarté plus vive inonda mon front, et je devins stupéfait de tant de choses inconnues.

Je couvris donc mes paupières avec mes deux mains pour les abriter contre l'excès de la lumière;

Tel un rayon réfléchi par le cristal de l'onde ou d'un miroir remonte dans la partie opposée et suit en rebroussant la même marche de réfraction;

Marche opposée à celle de la pierre qui tombe perpendiculairement, comme le démontrent l'expérience et l'art.

Or, je détournai ma vue frappée par l'éclat d'une lumière vivement reflétée. « Doux père, demandai-je, quelle lueur dévorante se dirige vers nous?»

Et lui : « Les phalanges du ciel t'éblouissent encore; ce messager vient convier l'homme à monter dans les royaumes splendides.

» Bientôt tu jouiras paisiblement de ces spectacles, et ils raviront tes facultés mortelles. »

Quand nous fûmes proche de l'ange, lui, d'une voix joyeuse : « Entrez par cet escalier plus facile et moins roide. »

Tandis que nous gravissions hors du cercle, devant nous on chanta : « Heureux les simples d'esprit! réjouis-toi, ô vainqueur. »

Le maître et moi nous montions seuls, et je pensais à profiter de ses sages discours durant la route.

Et moi à lui : « Que signifient donc les paroles de l'esprit de la Romagne : le bonheur ne s'achète que par l'exclusion du bonheur d'autrui?»

Et le maître : « Il connaît les suites de son plus grand vice, et le réprouve pour épargner à d'autres les mêmes repentirs.

» Si vos ardeurs s'attachent à des objets bornés qu'amoindrit le partage, l'envie vous arrache des soupirs de regret;

» Si, au contraire, l'amour de la région suprême tourne vos vœux vers la voûte infinie, vous n'éprouverez aucune crainte jalouse.

» Dans son enceinte, plus il y a de conviés au festin d'amour, plus chacun goûte de jouissance, plus la charité allume de flammes.

— » Tes réponses excitent davantage mes désirs et mes doutes. Comment un bien divisé entre plusieurs les rend-il plus riches que s'ils étaient peu à le posséder? »

Et lui à moi : « Tu replonges ton esprit dans le limon terrestre, et tires les ténèbres des sources de la vérité.

» L'essence infinie, le bien ineffable de l'empire céleste, s'élance vers l'amour comme un rayon vers un corps limpide ;

» Et les flammes de l'ardeur l'appellent, et plus la charité s'épanche, plus la vertu éternelle pénètre son foyer.

» Sainte union des âmes embrasées par l'amour divin! leur volupté s'accroît avec leur nombre, car leurs affections s'alimentent et se réfléchissent comme dans un miroir.

» Si mes discours ne te satisfont point, la contemplation de Béatrice éteindra tes doutes avec tes désirs.

» Avance donc afin d'effacer promptement comme les deux premières les cinq autres taches destinées à disparaître sous tes larmes. »

Comme je voulais dire : « Tu m'as satisfait, » je me vis arrivé à l'autre cercle ; de nouvelles préoccupations lièrent ma langue.

Je fus saisi d'une vision extatique ; j'aperçus plusieurs personnes aux portes d'un temple.

Et une femme sur le seuil, dans la tendre attitude d'une mère : « Mon fils, pourquoi as-tu agi de la sorte envers nous ?

» Ton père et moi, désolés, nous te cherchions. » Elle se tut, et ma première vision s'évanouit.

Ensuite m'apparut une autre femme baignée des larmes de la colère et de la douleur. Elle disait :

« Seigneur, si tu gouvernes cette ville pour le nom de laquelle se disputèrent si violemment les dieux et d'où jaillissent les étincelles de toute science,

» Venge-toi de l'audacieux dont le bras téméraire osa étreindre notre fille, ô Pisistrate ; » et le Seigneur bon et clément répondait d'un visage serein :

» Comment traiterons-nous nos ennemis, si nous condamnons à mort ceux qui nous aiment ? »

Et une multitude enflammée de rage massacrait un jeune homme à coups de pierre en criant : « Martyrise ! martyrise ! »

Et le malheureux s'inclinait sous le vent de la mort, qui le ployait déjà vers le sol, et ses yeux, entr'ouverts comme une porte mystérieuse, regardaient le ciel.

Et, dans son affreux supplice, avec un visage suppliant, il conjurait le souverain juge de pardonner à ses bourreaux.

Lorsque mon âme revint à la réalité des choses extérieures, je reconnus la vérité de mes songes; et mon guide, lisant sur mes traits l'empreinte d'un assoupissement étrange, me dit :

« Qu'as-tu donc? tu ne peux te soutenir. Tu as parcouru plus d'une demi-lieue, les yeux clos, et chancelant comme dans l'ivresse ou le sommeil. »

Et moi : « O mon doux père, veuille m'ouïr. Je te confierai mes visions et ce qui a fait chanceler mes jambes. »

Et lui : « Aurais-tu cent masques sur la face, je découvrirais tes pensées, même les plus fugitives.

» Ces rêves te sont envoyés pour que ton cœur s'ouvre à la manne de paix tombant de la source éternelle.

» Je ne t'ai point interrogé comme celui dont l'organe visuel sert seul l'intelligence; celui-là ne voit plus rien, lorsque gît le corps inanimé.

» Non, je t'ai apostrophé, afin de rendre la vigueur à tes pieds comme il faut exciter les esprits lents et paresseux, à l'heure de la veille. »

Nous pérégrinions le soir, aux rayons du soleil couchant, et nous tâchions d'embrasser la plus vaste étendue d'horizon.

Peu à peu voilà surgir une fumée sombre comme la nuit, et contre laquelle il n'y avait de refuge nulle part;

Sa vapeur nous déroba le jour et altéra la pureté de l'air.

Cercle Des ombres Colères

CHANT SEIZIÈME.

———

Moins opaque l'obscurité de l'enfer et d'une nuit sans étoiles sous un ciel assombri par un amas de ténébreux nuages;

Moins rude et grossier son voile que l'épais réseau dont la fumée nous couvrit alors et intercepta ma vue.

Mes paupières ne pouvaient s'ouvrir. Mon sage et fidèle compagnon s'approcha de moi et m'offrit l'appui de son épaule.

L'aveugle s'en va derrière son guide pour ne point s'égarer ou ne se point heurter contre un objet anguleux ou meurtrier ;

Tel je m'en allais à travers l'âcre et lourde vapeur, écoutant la voix du maître, qui disait : « Prends garde, mon fils, de nous séparer. »

J'entendais d'autres voix, et chacune d'elles semblait prier pour obtenir la miséricorde et la paix de l'agneau rédempteur.

« Agneau de Dieu, » murmuraient-elles toutes, comme un doux prélude sur un seul accord, et une parfaite union régnait entre elles.

Et moi : « Maître, j'entends des esprits. » Et lui à moi : « Tu dis vrai : ils chantent pour dénouer le nœud de la colère.

—» Quel es-tu, ô voyageur traversant notre atmosphère obscure ? Tu converses de nous comme si le temps se divisait pour toi en calendes. »

Ainsi parlait une voix. Et mon noble conducteur : « Réponds, et demande s'il n'est pas une issue pour monter. »

Et moi : « O âme, qui te purifies pour retourner belle à ton créateur, suis-moi, tu apprendras des merveilles. »

Et l'âme : « Je te suivrai autant qu'il m'est permis. La fumée nous empêche de nous voir; mais le son nous rapproche, à défaut de l'organe visuel. »

Alors je commençai : « Je monte au ciel revêtu de la forme périssable sous l'aile de la mort, et j'ai déjà traversé les douleurs infernales.

» Le Très-Haut m'a permis, par une faveur signalée, de visiter sa cour glorieuse avant le terme et en dehors des lois ordinaires;

» Ne me cèle point ta destinée avant ta dernière heure, et marque-moi si je me dirige bien vers le passage. Tes paroles nous serviront de phares. »

Et l'esprit : « Je fus Lombard, et je m'appelai Marco. Habile dans les affaires du monde, je chéris la probité, dont nul archer ne vise maintenant le but précieux.

» Tu suis le droit chemin pour monter. » Et il ajouta : « Quand tu toucheras à la belle sphère, prie pour moi, pauvre âme. »

Et moi à lui : « Je te promets d'accomplir ton souhait. Seulement, j'ai besoin de t'exposer un doute accru par l'autorité de ton opinion présente, contraire à une autre opinion commune.

» Tu dis vrai : le monde, se dépouillant de toute vertu, fomente et engendre l'iniquité. La raison claire, enseigne-la-moi : je l'expliquerai aux hommes, dont les uns la placent dans les astres, les autres sur la terre.

— » Hélas! gémit l'ombre avec un profond soupir, mon frère, le monde est aveugle : ton langage le prouve. O vivants! vous attribuez tout aux sphères célestes, comme si elles mouvaient fatalement toutes choses.

» Une semblable loi détruirait le libre arbitre, avec la justice des félicités pour le bien et des châtiments pour le mal.

» Le pouvoir d'en haut domine quelques-uns de vos mouvements

intérieurs ; mais vous avez reçu l'intelligence pour distinguer le juste
de l'injuste.

» Rebelle aux influences astrales dans ses premiers combats, la volonté humaine, raffermie par la lutte, triomphe des obstacles.

» Libres, vous êtes soumis à une force plus grande et à une nature
plus parfaite ; elles créent votre esprit de volonté, non enchaîné par
les astres.

» L'erreur du monde provient donc des mortels ; en eux son germe
repose, et je vais te le démontrer.

» L'âme sort de la main du créateur, qui la contemple en souriant
dans sa pensée avant de la produire ;

» Elle s'échappe simple et naïve, comme un enfant rieur et folâtre,
ne sachant rien, hors sa source bienheureuse, et prête à y revoler.

» D'abord elle s'attache, dans ses illusions, aux choses éphémères,
et s'égare à les poursuivre, si un guide ou un frein ne dirige ailleurs
son amour.

» Il fallut des lois pour modérer la fougue des passions, et des rois
pour distinguer au moins la tour de la cité véritable.

» Les lois existent ; mais qui offre sa main pour les appliquer ?
Le pasteur, guide du troupeau, peut ruminer ; mais il n'a pas les ongles fendus.

» Toute la bande, voyant son chef se rassasier des choses dont elle
est gloutonne, s'en repaît et ne demande aucune autre pâture ;

» Or, la mauvaise direction a perdu le monde, et non sa nature
corrompue.

» Rome, dont la splendeur illumina la terre, avait deux soleils
éclairant la double voie : celle des hommes et celle de Dieu.

» L'un des deux soleils a obscurci son jumeau. Le glaive a été uni au
bâton pastoral : principe de lutte et de discorde.

» Dans leur alliance, ils ne se redoutent plus. Si tu ne crois point
mes enseignements, songe à l'épi : l'herbe se connaît à sa semence.

» Au pays arrosé par l'Adige et l'Éridan régnaient la valeur et la courtoisie, avant les querelles suscitées à Frédéric;

» Aujourd'hui, quiconque fuirait par honte la société des gens probes traverserait ce pays sans risque d'en rencontrer.

» Il y respire encore trois vieillards par qui l'ancien âge réprimande le nouveau : leurs yeux se lèvent impatiemment vers une vie meilleure.

» Conrad de Palazzo, le bon Ghérardo et Guido de Castel, mieux nommé en français Léonard-le-Simple : tels sont ces trois vieillards.

» L'Église romaine, dis-le désormais, pour confondre en elle les deux gouvernements, tombe dans la fange et souille son divin sacerdoce.

— » O mon cher Marco, repartis-je, tu raisonnes avec sagesse. Les enfants de Lévi furent exclus de l'héritage, et je le comprends.

» Mais quel est ce Ghérardo, reste des anciens justes, reproche vivant pour le siècle sauvage? »

Et l'ombre : « Ou ton langage me trompe, ou tu veux éprouver ma mémoire? Toi, qui parles toscan, tu ne sais rien du bon Ghérardo?

» Je ne lui connais pas d'autre surnom, à moins que je ne le nomme le père de la Gaja.

» L'aube lance ses rayons blanchissants à travers la fumée. Je dois éviter l'approche de l'ange. Adieu. »

Le Lombard, à ces mots, partit sans plus vouloir m'écouter.

Anges invisibles du cercle des âmes colères

CHANT DIX-SEPTIÈME.

———

Souviens-toi, lecteur, si jamais, dans les Alpes, tu fus enveloppé d'un brouillard où ta vue était captive comme celle de la taupe à travers sa taie;

Lorsque les épaisses et humides vapeurs commencent à s'éclaircir, le disque du soleil les pénètre et les entr'ouvre.

Au sortir du cercle nuageux, j'éprouvai un effet semblable en revoyant le soleil près de se coucher.

Ses rayons expiraient au pied de la montagne, à l'heure où je franchis derrière mon maître l'atmosphère nébuleuse.

O imagination! quand ton char nous emporte, nous n'entendrions pas sonner autour de nous mille trompettes retentissantes.

Quel pouvoir t'anime, hors du secours des sens? Ton souffle, c'est une lumière divine ou intérieure, ou envoyée ici-bas par la volonté souveraine.

L'impiété de la femme changée en ce mélodieux oiseau amoureux des chants se retraça dans mon esprit.

Et mon esprit, concentré dans son rêve, oublia la perception des choses extérieures;

Puis, dans le vol fantastique de mon âme, apparut l'image d'un crucifié dédaigneux et fier; et tel je le voyais mourir.

Autour de lui planaient le grand Assuérus, Esther, son épouse, et le juste Mardochée, irréprochable dans ses actions et dans ses discours.

Cette image se brisa comme une bulle privée de son fluide élément. Et une jeune fille en pleurs se leva dans ma vision : « O reine ! disait-elle, pourquoi ta colère t'entraîna-t-elle à la mort?

» Tu t'es immolée pour ne pas perdre Lavinie, et cependant tu m'as perdue; et moi, ta fille, je me lamente sur ta perte, et non sur celle d'un autre. »

Qu'une lumière soudaine frappe les paupières closes, le sommeil s'interrompt et se débat dans son trouble avant de s'évanouir ;

Ainsi disparurent mes songes aux rayonnements d'une lumière inaccoutumée réfléchie sur mon visage.

Je me retournai pour discerner la place où j'étais. Une voix, absorbant mon attention, me cria : « Voilà le chemin pour monter. »

Un désir impatient me fit chercher à découvrir qui avait proféré ces paroles, et mes forces défaillirent comme notre vue devant le soleil se voilant de sa splendeur.

« L'esprit divin dont l'appel nous dirige sur la montagne, sans avoir ouï notre prière, se dérobe sous le vêtement de sa gloire;

» Par son exemple, il nous enseigne comment l'homme doit agir avec ses semblables. Celui qui attend une supplication, pour les assister dans le besoin, prépare malignement un refus.

» Hâtons-nous d'obéir à un avis si précieux; tâchons de monter avant la nuit; car nous serions obligés d'attendre le retour du soleil. »

Virgile s'exprima de la sorte, et nous marchâmes ensemble vers un escalier. Sur le premier degré, je sentis un battement d'ailes.

Et un vent léger m'effleura le visage; et des modulations murmuraient : « Bienheureux les pacifiques, dépouillés de haineuses colères ! »

Déjà les derniers rayons précurseurs des ombres expiraient au bord de l'horizon, et les étoiles scintillaient de toutes parts.

« O mon courage! pensai-je, pourquoi t'envoler! » Mes jambes commençaient à s'engourdir.

Nous étions parvenus au sommet de l'escalier, immobiles comme la nef dont la proue touche la grève.

Je me recueillais, afin d'écouter les bruits du nouveau cercle; puis, m'adressant à mon maître :

« O mon doux père! quelle faute s'expie dans le cercle où nous sommes? Si nos pieds s'arrêtent, que ton entretien ne s'arrête pas. »

Et lui à moi : « On punit ici le vœu stérile du bien; ici la rame trop lente doit encore battre les flots.

» Pour mieux t'éclairer, prête-moi une oreille attentive, et tu retireras un fruit utile de ce moment de halte.

» Mon fils, commença-t-il, ni le créateur ni la créature ne furent jamais sans amour, soit naturel, soit volontaire, et tu ne l'ignores pas.

» L'amour naturel ne saurait errer. Le second, au contraire, peut déchoir par un objet indigne comme par trop ou trop peu d'ardeur.

» Tant que cet amour élève son vol vers la source des biens, ou se modère dans son attachement pour les choses inférieures, il n'inspire aucun penchant illégitime.

» Mais, lorsqu'il s'altère dans le mal, ou embrasse le bien avec un zèle soit aveugle, soit trop tiède, il offense la loi du Créateur.

» L'amour, grave-le dans ta mémoire, forme en vous la semence de toute vertu et de toute œuvre punissable.

» Comme son essence le porte invinciblement à se nourrir dans sa vivante affection, les créatures sont préservées de leur propre haine.

» Nul être créé ne se conçoit dans sa solitaire existence, détaché du principe de la chaîne des êtres : il est donc impossible au sentiment humain de haïr sou créateur.

» D'après cette division, l'amour du mal attente à celui du prochain ; il s'incarne de trois façons dans votre chair mortelle.

» L'un espère grandir par la chute de son voisin, et, dans cette espérance, il évoque le renversement de sa fortune.

» L'autre a peur de perdre le pouvoir, le crédit, l'honneur, la renommée, par l'élévation de ses rivaux, et, dans sa peur, affligé d'envie, il leur souhaite un sort contaire.

» Un troisième, gonflé du ressentiment d'une injure, rêve avidement la vengeance, et, dans son ressouvenir, il poursuit le mal de son offenseur.

» Ces trois sortes d'amour s'expient dans les précédents girons. Comprends de même le quatrième amour déréglé du bien.

» Chaque homme désire et conçoit vaguement un bonheur dans lequel son âme se repose, et chaque homme s'efforce de l'atteindre.

» Si un désir trop lent vous porte vers votre but idéal, ce cercle, après un juste repentir, deviendra le lieu de votre expiation.

» Il y a un autre bien dont la possession ne rend pas l'homme heureux : ce bien n'est pas la félicité ni la bonne essence, fruit et racine de tout bien.

» L'amour trop violemment abandonné à sa fausse lueur s'expie au-dessous de nous dans trois cercles par trois épreuves diverses ;

» Je les tairai, afin de t'en laisser la pénétration. »

Les Négligents.

CHANT DIX-HUITIÈME.

———

Le sublime docteur cherchait à lire sur ma physionomie l'impression produite par son théorème.

Et moi, rempli de l'ardeur de savoir, je gardais mes lèvres closes, et intérieurement je me disais : « Peut-être mes demandes réitérées fatiguent sa mansuétude. »

S'apercevant de ma timide contrainte, ce bon père encouragea ma secrète envie par son langage amical.

Et moi à lui : « Maître, mes facultés s'exaltent à ta lumière; je pénètre la profondeur de tes raisonnements ou de tes pensées.

» Daigne, ô bien-aimé poète, me définir l'amour, source inspiratrice de toute bonne œuvre, et le principe contraire. »

Le sage : « Ouvre les yeux perçants de ton intelligence, et tu reconnaîtras l'erreur manifeste des aveugles transformés en guides.

» L'âme, foyer vivant d'amour, s'élance vers tout ce qui la charme, emportée par l'attrait du plaisir.

» Votre imagination vous retrace un être réel, l'orne de mille prestiges, et l'âme se tourne vers son image;

» Que dans son mouvement d'attraction elle s'y abandonne, ce doux penchant devient l'amour naturel dont la volupté forme l'essence.

10

» Comme l'élément du feu tend toujours à monter vers la région où il rayonne dans sa matière primitive,

» Ainsi l'âme amante se livre au désir, mouvement spirituel dont jamais l'essor ne repose, excepté dans la jouissance de la chose aimée.

» Juge combien ignorent la vérité ceux qui proclament louable en lui-même tout amour.

» Sa substance leur paraît toujours excellente ; mais toute empreinte n'est pas bonne, quoique bonne soit la cire.

» —Tes paroles et mon esprit attentif à les méditer, repartis-je, m'ont expliqué l'amour. Néanmoins, je suis assiégé de doutes plus graves.

» Si les objets extérieurs nous le communiquent, si telle est la loi impérieuse de l'âme, fidèle ou égarée, qu'importe? elle n'a aucun mérite. »

Virgile à moi : « Je puis te confier ce que la raison connaît de ces hauts mystères; pour le reste, la foi seule en tient la clef; attends d'être parvenu auprès de la bienheureuse.

» Toute forme substantielle, distincte de la matière, quoique unie à son élément, possède une vertu spéciale ;

» Cette vertu intime se manifeste par ses œuvres et par ses effets, comme la vie de la plante par la verdeur de ses feuilles.

» D'où viennent les premiers instincts physiques, les premières notions de l'esprit? l'homme ne le sait pas.

» La nature nous les inspire comme à l'abeille la passion de composer le miel, et nos penchants primitifs ne méritent ni louange ni blâme.

» Pour accorder ces volontés diverses, la raison, notre conseillère, innée de même en nous, doit veiller sur le seuil du consentement.

» La raison ! voilà le principe dont l'usage règle vos mérites, suivant qu'elle accueille ou repousse les bons ou les coupables amours.

» Dans leurs méditations, les sages, dont l'œil scruta l'ordre providentiel, ont reconnu cette liberté innée chez l'homme, et ils ont légué au monde les enseignements de la morale.

«Tout amour s'allumât-il donc dans votre cœur par une loi fatale et nécessaire, vous possédez le pouvoir de le réprimer.

» Cette noble vertu, Béatrice l'appelle libre arbitre; souviens-t'en, si elle te la désigne dans ses discours. »

La lune, se levant tard, proche de minuit, éclipsait la splendeur des étoiles; son orbe imitait dans le firmament un vaste sceau enflammé;

Il parcourait le chemin où flamboie le soleil, lorsque l'habitant de Rome le voit se coucher entre la Sardaigne et la Corse.

L'ombre illustre, dont la mémoire a placé le renom de Piétola au-dessus de Mantoue, avait délivré mon esprit du fardeau de ses incertitudes;

Et moi, après avoir reçu tant d'explications claires et lucides, je devins comme un homme rêvant tout endormi.

Ma somnolence me fut enlevée subitement par une phalange pénitente cheminant derrière nos épaules.

Jadis, pendant les invocations des Thébains à Bacchus, l'Ismène et l'Asope virent bondir sur leurs bords dans les ténèbres une foule pleine de tumulte et de furie;

Ainsi vis-je voler vers nous des ombres emportées par une volonté sainte et un juste empressement.

Bientôt elles nous atteignirent dans l'agilité de leur course, et les deux premières criaient en pleurant :

« La Vierge se hâta vers la montagne; César quitta Marseille et courut en Espagne pour subjuguer Lérida.

» — Vite! ne perdons point le temps par un zèle tiède, criaient les suivantes après eux; l'ardeur du bien fait refleurir la grâce. »

Et Virgile : «Ames, dont la ferveur ardente répare sans doute l'ancienne négligence et le zèle tardif, écoutez ma demande.

» Mon compagnon, doué de la vie (je ne vous abuse point), désire monter, aux premiers rayons du soleil; indiquez-nous le plus proche passage. »

Une des ombres : « Suivez-nous, et vous trouverez l'issue. Notre vive impatience nous empêche de nous arrêter, non par manque de courtoisie, mais par punition.

» Je fus abbé de Saint-Zénon, à Vérone, sous l'empire du bon Barberousse, dont Milan conserve le souvenir néfaste.

» Tel, ayant déjà un pied dans la fosse, pleurera pour ce monastère et gémira d'y avoir eu de la puissance ;

» Car, à la place des vrais pasteurs, il y a mis son fils, difforme de corps, davantage d'esprit, et rejeton d'un commerce illégitime. »

Le rapide éloignement de l'ombre ne me permit pas d'ouïr si elle proféra d'autres paroles ; je me plus à retenir celles retracées plus haut.

Et le poète, mon aide fidèle : « Observe de ce côté deux âmes actives à flageller leur paresse. »

Les deux âmes disaient derrière la troupe impatiente : « Les ancêtres de la nation pour laquelle Jéhovah ouvrit les gouffres de la mer s'éteignirent avant que leurs héritiers eussent aperçu le Jourdain.

» Et les tribus troïennes, lâchement rebelles aux fatigues du fils d'Anchise, subirent pour châtiment volontaire une vie sans gloire. »

Après la disparition lointaine de ces ombres, une nouvelle pensée descendit dans mon sein ;

Plusieurs autres en naquirent tour à tour ; je m'égarai au milieu d'elles ; mes yeux se fermèrent dans ma rêverie.

Par degrés je tombai sous la fascination du sommeil.

Les Avares.

CHANT DIX-NEUVIÈME.

A l'heure où la brûlante haleine du jour, vaincue par le froid de la terre ou quelquefois de Saturne, ne peut plus échauffer le disque glacé de la lune,

Lorsque les géomanciens voient le signe de leur plus grande fortune s'élever avant l'aube vers l'orient dans cette route constellée dont l'obscurité va s'éclaircir,

Il m'apparut en songe une femme bègue, aux yeux louches, aux pieds tors, manchotte et d'un teint hâve.

Je l'examinais, et comme le soleil ranime les membres engourdis par le givre de la nuit, mon regard déliait sa langue;

Puis, en peu de temps, il la redressait tout entière et colorait son pâle visage des nuances qui éveillent l'amour.

Quand elle sentit sa langue libre, elle modula un accord suave dont la magie subjuguait mon attention captive.

« Je suis, chantait-elle, je suis la douce sirène qui, au milieu des mers, fait dévier les navigateurs, tant ils sont entraînés par le plaisir de m'entendre.

» J'ai détourné par mon chant Ulysse de sa course vagabonde; celui qui s'arrête près de moi rarement s'en va, tellement je l'enivre. »

Elle n'avait pas fermé la bouche, lorsqu'à mes côtés se dévoila une femme sainte, dont l'aspect rendit soudain la première confuse.

« O Virgile ! Virgile ! quelle est cette femme ? » disait-elle fièrement, et lui s'approchait les yeux fixés seulement sur la femme sainte.

Et la céleste messagère saisit l'autre, et déchirant sa tunique, me la découvrit par devant et me montra son ventre : il s'en exhalait une si horrible puanteur, que je m'éveillai.

En ce moment Virgile m'excitait de la sorte : « Je t'ai au moins appelé trois fois ; lève-toi, viens, trouvons un passage pour entrer dans l'autre cercle. »

Je me levai : les cercles du mont sacré rayonnaient déjà de la lumière diurne, et nous avions en marchant le soleil matinal derrière nous.

Je suivais mon maître, et, pareil au voyageur chargé de pensées, je me courbais comme l'arc d'un pont ; et j'entendis : « Venez, voici le passage. »

Ces paroles furent prononcées avec une douceur inconnue dans la région terrestre, et un esprit, aux ailes ouvertes, blanches comme celles du cygne, nous mena entre les flancs de la dure montagne.

Ensuite il agita ses plumes et en effleura mon front, disant : « Bienheureux ceux qui pleurent, car leurs âmes tendres seront consolées ! »

L'ange s'envola au-dessus de nos têtes, et peu après mon guide à moi : « Qu'as-tu donc à regarder la terre ? »

Et moi : « Une nouvelle vision m'absorbe et me jette dans d'étranges doutes. » Et lui : « Tu as vu l'antique enchanteresse.

» Dans les cercles souterrains, là-bas, c'est par elle qu'on se lamente : tu as éprouvé l'unique moyen de s'en détacher.

» Allons, frappe le sol avec tes pieds, et dirige tes yeux vers le miroir que le roi éternel meut avec les immenses roues des sphères. »

Le faucon, mesurant d'abord sa double serre, accourt au cri du chasseur, puis déploie son vol, excité par le désir de la pâture ;

Tel je franchis l'interstice de la roche jusqu'au point où l'on entre dans le cinquième cercle du purgatoire.

Là des âmes gisantes à terre pleuraient, toutes renversées sur le visage, en gémissant d'une voix étouffée par de profonds soupirs : « Mon âme s'est attachée au sol. »

« — Élus de Dieu, en qui la justice et l'espérance allégent les tourments, guidez-nous vers les degrés supérieurs. »

« — Si vous venez sans être condamnés à subir notre épreuve pénitente, et si vous souhaitez aborder plus tôt la route, que votre main droite suive toujours le bord extérieur du cercle. »

Telle la demande du poète, telle la réponse de l'âme ignorant la moitié de mon sort.

J'interrogeai de l'œil mon maître, et, par un signe bienveillant, il approuva le désir peint sur ma physionomie. Alors, je me penchai vers la créature dont j'avais remarqué les paroles :

« O esprit, dont les pleurs mûrissent l'expiation nécessaire à ton céleste avènement, daigne suspendre un peu pour moi ta plus chère tâche.

» Dans quel corps as-tu habité? Pourquoi restez-vous étendus la face contre terre? et dis-moi si tu réclames quelque service pour ce monde d'où je suis sorti vivant? »

Et lui à moi : « Tu sauras pourquoi le ciel nous imposa cette attitude; apprends que je fus le successeur de Pierre.

» Entre Sestri et Chiavari se creuse une belle rivière dont le nom forme l'éminence du titre de ma famille.

» Un mois et quelques jours j'ai senti combien pèse le grand manteau à celui qui le garantit de la fange; auprès, tout autre fardeau est léger comme une plume.

» Ma conversion, hélas! fut tardive : élu pasteur romain, je découvris combien la vie est trompeuse.

» Je connus les inquiétudes inépuisables du cœur, même sous la tiare, et le faîte de la grandeur humaine : l'amour de la vie éternelle vint m'embraser.

» Jusqu'à cette heure, âme misérable, éloignée de Dieu, je vécus en avare. Or, comme tu le vois, ici j'en suis flagellé.

» Le châtiment de l'avarice éclate dans la purification des âmes renversées, et la montagne n'a pas de peine plus amère.

» Comme notre œil fixé aux choses d'en bas ne s'éleva pas vers le ciel, ainsi la justice l'abaisse vers le sol ;

» Comme l'avarice éteignit en nous toute noble flamme pour le vrai bien et la semence de toute bonne œuvre, ainsi la justice nous emprisonne par les pieds et par les mains.

» Tant qu'il plaira au Seigneur, nous demeurerons étendus et immobiles. » Je m'étais agenouillé devant l'ombre et j'allais lui parler; elle, remarquant cet acte de respect : « Quelle raison te fait ployer les genoux ? »

Et moi à lui : « Ma conscience m'incline légitimement devant votre auguste sacerdoce. » Et lui : « Relève-toi, frère, ne t'abuse pas; comme toi et les autres, je suis le serviteur de la même puissance.

» Si jamais tu as compris ce passage du saint livre : « Il n'y aura point d'époux ni d'épouses, » tu auras la clef de mon raisonnement.

» Adieu, je ne veux pas t'arrêter davantage, car ta présence interrompt les larmes dont la source me purifie.

» J'ai, parmi les vivants, une nièce nommée Alagia, bonne nature, pourvu que notre maison ne la corrompe point par l'exemple ;

» Elle seule m'est restée dans le monde. »

Ames Pénitentes.

CHANT VINGTIÈME.

———

Une volonté doit céder à une meilleure. Aussi, pour complaire à l'ombre pénitente, comme on retire de l'eau une éponge avant qu'elle soit pleine, je fis taire ma curiosité avide.

Je repris mon voyage, et mon guide me précéda dans les espaces libres, le long des rochers, comme on va sur un mur étroit en longeant les créneaux ;

Car l'autre rive était remplie par les âmes dont les yeux filtraient goutte à goutte le mal enveloppant le monde entier.

Maudite sois-tu, antique louve ! ta faim profonde et insatiable dévore plus de proies que toutes les autres bêtes infernales.

O ciel, dont les mouvements, selon la croyance, changent les choses d'ici-bas, quand viendra le vainqueur de ce monstre ?

Nous cheminions lentement, moi tout attentif, et, plein de pitié pour les ombres, je les écoutais pleurer et gémir.

Une voix cria devant nous : « O douce Marie ! » Cette voix plaintive ressemblait à celle d'une femme dans l'enfantement.

Elle continua : « Tu vécus pauvre, comme le prouve la crèche où tu déposas ton chaste fardeau. »

Et une autre voix : « O bon Fabricius ! tu aimas mieux posséder la vertu avec la pauvreté que de grandes richesses avec le vice. »

Charmé par ces exemples précieux, je m'avançai pour connaître l'esprit dont ils émanaient.

Et la même voix célébrait les dons de Nicolas à des vierges pour conduire leur jeunesse au sentier d'honneur.

« O âme éloquente ! quelle es-tu ? lui dis-je, et pourquoi répètes-tu sans cesse tes justes hymnes de louanges ?

Tes paroles ne resteront pas sans un pieux salaire, si je retourne pour achever le chemin borné de mon existence fugitive. »

Et l'âme : « Je te répondrai, non pour le secours attendu de mon ancien globe, mais parce qu'une grâce aussi rare te couronne avant ta mort.

» Je fus la racine de la mauvaise plante dont l'ombre nuisible se projette sur tout le monde chrétien et l'empêche de porter ses fruits.

» Si Douai, Gand, Lille et Bruges en avaient la force, on en obtiendrait bientôt vengeance, et je la demande au juge souverain.

» J'eus pour nom terrestre Hugues-Capet : de moi descend la race des Philippe et des Louis, qui, depuis peu, gouvernent la France.

» Un boucher de Paris m'engendra. Quand la souche des anciens rois se trouva sans rejetons, excepté un dernier revêtu de la robe grise, je tins les rênes du pouvoir.

» Mon autorité croissante me créa un cercle dévoué d'amis, et par leur influence mon fils ceignit la couronne vacante ; il devint la tige de la race sacrée des nouveaux rois.

» Tant que la riche dot de la Provence n'ôta pas la honte à mon sang, il valait peu ; mais il ne commettait pas de mal.

» Par la violence et le mensonge, il y commença ses rapines ; puis, pour s'amender, il s'empara de la Normandie, du Ponthieu et de la Gascogne.

» Accouru en Italie, Charles sacrifia Conradin, et, pour expier tous ses crimes, il envoya Thomas dans le ciel.

» Je lis dans l'avenir, et cet avenir s'approche : un autre Charles s'élance du trône français afin de mieux signaler lui et sa race.

» Il en sort sans arme, muni seulement de la lance avec laquelle combattit Judas, et de sa pointe aiguë il déchire le cœur de Florence ;

» Et là, il ne conquerra point de domaines, mais le crime et la honte, d'autant plus lourd qu'il joua légèrement avec son crime.

» L'autre déjà sorti, je le vois prisonnier sur sa flotte, vendre sa fille et la marchander comme les corsaires trafiquent des esclaves.

» O avarice ! voilà ton dernier triomphe ! Tu as réduit mon sang à ne pas respecter sa propre chair.

» Que dis-je ! le mal passé, le mal futur s'éclipsent. Je vois les fleurs de lis entrer dans Anagni, le Christ captif dans la personne de son vicaire ;

» Je le vois livré à la dérision, subir une seconde fois la scène du vinaigre et du sel ; entre deux larrons vivants je le vois mourir.

» Je vois un nouveau Pilate, cruel non rassasié par ce supplice ; sans le décret des pontifes, il porte dans le temple ses fureurs cupides.

» O mon Seigneur ! quand débordera ta juste vengeance, dont l'éclair, caché dans tes secrets réservoirs, plaît à ton courroux ? Cette heure me sera douce.

» Pour mes paroles, touchant l'unique épouse de l'Esprit saint, nous les redisons dans les prières du jour.

» La nuit, nous évoquons des exemples opposés, et Pygmalion rendu traître, parricide et voleur, par son idolâtre amour de l'or ;

» Et la misère de l'avare Midas, puni par l'effet de son cupide vœu, digne objet d'éternelles railleries.

» Et le fol Achan, dont chacun se souvient, ravisseur infidèle du butin de l'ennemi ; la colère de Josué semble encore l'étreindre.

» Puis nous accusons Saphira et son époux ; nous exaltons ceux qui foulèrent aux pieds Héliodore ;

» Et sur toute la montagne retentit l'infamie de Polymnestor, le meurtrier de Polydore.

» O Crassus, crions-nous enfin, dis-nous, car tu la connais, la saveur de l'or !

» Parfois nous conversons, l'un à voix haute, l'autre à voix basse, suivant l'aiguillon qui nous presse, et précipite ou ralentit notre pas.

» Je ne proférais point seul les exclamations heureuses, hymnes du jour ; mais aucune autre âme voisine n'y mêlait son refrain. »

Déjà nous avions quitté cet esprit, et nous tâchions de gravir le sentier avec toute la vitesse possible ;

Soudain, comme une ruine croulante, trembla le mont sacré : je fus saisi d'un froid pareil à celui d'un condamné marchant à la mort.

Moins fortement s'agitait Délos avant que Latone y eût préparé le nid où elle mit au monde les deux lumières du ciel.

Bientôt il s'éleva de toutes parts une clameur inouïe, et le maître se tourna vers moi en disant : « Ne crains rien tant que je suis ton guide. »

« Gloire à Dieu dans les hauteurs célestes ! » chantait le chœur des âmes, comme je le compris rapproché du lieu d'où l'on pouvait l'entendre.

Immobiles et en suspens, comme les pasteurs dont l'oreille ouït pour la première fois le chant divin, nous écoutâmes, jusqu'à ce que le tremblement cessa et que les voix se turent ;

Ensuite nous reprimes notre saint voyage, regardant les ombres étendues à terre et déjà replongées dans leurs lamentations.

Si ma mémoire n'erre pas, jamais l'ignorance d'une chose et l'envie de savoir ne me tourmentèrent comme alors elles dominaient ma pensée.

La vitesse de notre marche m'empêchait d'interroger Virgile, et ma propre intelligence n'avait point la clef de ces mystères.

J'avançais donc pensif et timide en gravissant la montagne.

Dante et Virgile rencontrent Stace.

CHANT VINGT-UNIÈME.

Mon âme était tourmentée par la soif naturelle que rien n'apaise, hors l'eau céleste dont la Samaritaine implora la grâce.

Cette soif m'entraînait rapidement dans la route encombrée derrière mon guide, et j'étais ému de compassion devant le juste châtiment des âmes.

Et voici : comme, selon saint Luc, le Christ, ressuscité de l'abîme sépulcral, apparut à deux hommes sur le chemin,

Telle nous apparut une ombre, marchant sur nos traces, et considérant la foule des âmes étendues à terre.

Nous ne l'aperçûmes qu'au moment où elle nous salua par ces mots : « Mes frères, la paix de Dieu soit avec vous ! »

Virgile, se retournant avec moi, lui rendit son salut, et repartit : « Puisse t'accueillir dans le cénacle des bienheureux la cour de vérité, dont l'arrêt me relègue dans l'exil éternel ! »

Et l'âme, continuant sa marche prompte : « Comment et sans guide montez-vous jusqu'à ces degrés, si vous êtes des ombres proscrites de la région suprême ? »

Et mon maître : « Regarde les signes imprimés sur le front de ce pèlerin par l'ange du purgatoire ; tu verras qu'il doit régner avec les bons.

» Comme la parque, dont la main file nuit et jour, n'avait pas encore achevé pour lui la quenouille imposée par Clotho à chacun de nous,

» Son âme, ta sœur et la mienne, dans le grand pèlerinage ne pouvait aller seule, car sa vue ne saurait avoir la pénétration de la nôtre.

» J'ai donc été tiré de la vaste gueule de l'enfer pour lui montrer la route, et je la lui montrerai tant que suffira ma science pour le guider.

» Mais dis-nous, si tu le sais, pourquoi la montagne a éprouvé tout à l'heure de telles secousses, et pourquoi, jusqu'à ses pieds baignés par la mer, toutes les âmes ont semblé pousser un cri universel. »

Par sa demande, Virgile satisfaisait mon désir, et l'espoir de la réponse apaisa l'aiguillon de ma soif intérieure.

L'esprit commença : « Cette secousse n'arrive point dans la sainte montagne sans un ordre divin, et ne viole point le cours de ses lois.

» La sphère expiatoire ne subit aucune altération, et son ébranlement annonce l'admission des âmes purifiées dans les zônes splendides, non aucune autre cause.

» Ici ne tombent ni pluie, ni grêle, ni neige, ni rosée, ni givre, en deçà de la porte aux trois degrés ;

» On ne voit ni des nuages épais, ni des nuages légers, ni des éclairs; ni la fille de Thaumas, dont l'arc mobile parcourt à son gré les horizons de la terre.

» La vapeur sèche ne dépasse jamais en s'élevant le sommet des trois degrés, sur le dernier desquels posent les pieds du successeur de l'apôtre.

» Plus bas, peut-être, le mont éprouve des ébranlements plus ou moins forts; ceux occasionés par les vents souterrains ne troublent pas ces hauteurs.

» La montagne tremble quand une âme purifiée se meut pour s'élancer dans le ciel, et le cri unanime salue son départ :

» Douce heure de la purification, la volonté seule t'annonce; elle excite l'âme, désormais affranchie de ses épreuves, à changer de séjour; et l'âme goûte sa plénitude heureuse.

» Avant cette heure, la pénitente souhaite en vain sa délivrance ; l'amour de la purification l'enchaîne, comme jadis l'amour du péché : châtiment imposé par l'infaillible justice.

» Et moi, courbé depuis plus de cinq siècles sous mon fardeau de souffrances, il y a quelques minutes seulement j'ai senti la libre volonté d'un séjour meilleur.

» Voilà pourquoi tu as entendu la secousse lointaine, et sur tous les degrés de l'échelle sainte les pieux esprits chanter les louanges du roi de miséricorde, afin d'être bientôt admis au nombre des élus. »

Telles les paroles de l'ombre, et comme on jouit davantage d'étancher sa soif en proportion de son ardeur, je ne saurais exprimer ma volupté à les recueillir.

Et le sage docteur : « Maintenant je vois quel réseau vous emprisonne dans les girons du repentir, comment il s'ouvre, pourquoi le mont sacré tremble, et le motif de vos joyeuses acclamations.

» Daigne me révéler ton origine, et pour quelle expiation tu restes étendu depuis tant de siècles ?

» — Dans l'âge où le bon Titus, avec le secours du roi immortel, vengea la blessure d'où sortit le sang vendu par Judas,

» Alors, répondit l'ombre, déjà célèbre, mais privé encore des rayons de la foi, je portais, parmi les vivants, le titre le moins périssable et le plus glorieux.

» La suave douceur de mes chants me fit convier dans Rome, moi Toulousain, et j'y obtins l'honneur d'être couronné de myrte.

» Stace demeure mon nom entre les hommes. Je chantai d'abord Thèbes, puis le grand Achille ; ce deuxième sujet, trop lourd, écrasa mes forces avant la fin.

» Mon génie s'inspira aux étincelles d'une divine flamme, qui embrasa plus de mille autres chantres :

» Je parle de l'Énéide, ma mère et ma nourrice en poésie ; sans elle je n'écrivis pas une pensée du poids d'une drachme.

» Oh! pour avoir vécu sous le soleil à l'époque de Virgile, je consentirais à retarder d'un an ma délivrance de mon lieu d'expiation. »

Mon maître, se tournant vers moi à ces mots de l'ombre, m'imposa silence par l'expression de son visage ; mais la volonté n'est pas toujours maîtresse.

Le rire et les pleurs suivent de près la passion dont chacun ressent la flèche ; ils obéissent moins à la volonté des hommes les plus sincères.

Je souris en signe de consentement. L'ombre se tut et me regarda dans les yeux, où les sentiments se manifestent davantage.

Et l'ombre : « Puisses-tu accomplir jusqu'au bout ton voyage auguste. Mais pourquoi cet éclair de sourire a-t-il tout à l'heure illuminé ta physionomie ? »

Tourmenté entre les deux influences contraires, car l'un me priait de parler, l'autre de garder le silence, je soupirai avec tristesse.

Virgile me comprenant : « Parle sans crainte et satisfais sa demande empressée. » Et moi : « Tu t'étonnes, ô esprit antique, de mon sourire.

» Émerveille-toi plus ; dans le guide sacré qui dirige mes regards vers l'infini, reconnais ce Virgile dont tu appris à chanter les hommes et les dieux.

» Mon sourire n'avait pas d'autre motif. » Stace déjà s'inclinait pour embrasser les pieds du sage ; et lui : « Frère, ne te prosterne pas, ombre devant une ombre. »

Et le chantre de Thèbes se relevant : « Mesure la grandeur de mon amour brûlant pour toi, ô inspiré ; j'oublie la vanité de notre nature,

» En traitant une ombre comme un corps réel. »

Arbre Tentateur

CHANT VINGT-DEUXIÈME.

Nous avions dépassé l'ange, dont le secours nous introduisit dans le sentier du sixième cercle, après avoir effacé une des taches de mon front;

Et les esprits enflammés pour la souveraine justice avaient psalmodié : « Heureux ceux qui ont soif! » et ils n'articulèrent pas la fin du verset.

Plus léger qu'aux autres portes, je suivais sans fatigue les ombres agiles, mes guides, sur les hauteurs.

Alors mon maître à Stace : « L'amour allumé par la vertu en inspire toujours un autre, pourvu que sa clarté se manifeste au dehors.

» Depuis l'heure où Juvénal descendit parmi nous dans les limbes de l'enfer, il me narra ton affection pour ma personne.

» Une égale sympathie m'anima pour la tienne, et jamais plus vive ne vous saisit envers ceux qu'on n'a point vus; ces degrés me sembleront bien courts dans ta compagnie.

» Pardonne si ma franchise délie le frein de ma langue, et conversons fraternellement ensemble. Comment l'avarice a-t-elle trouvé place au milieu de ton vaste savoir? »

D'abord le poète toulousain se prit à sourire, et au sage Mantouan : « Tes paroles me donnent un cher gage de ton amitié.

» Souvent on rencontre des choses dont la pensée doute, parce que les causes vraies demeurent invisibles.

» Tu présumes , comme ta demande me le prouve, que je fus avare dans l'autre vie, à cause du cercle où j'étais.

» L'avarice, apprends-le, fut trop éloignée de mes entraînements, et des milliers de lunes ont puni ma passion prodigue.

» Je subirais dans l'infernale ronde les joûtes éternelles des damnés, si je n'avais pas mieux réglé mes penchants et médité ce vers tracé par ton indignation contre la nature humaine :

» Maudit amour de l'or, où ne précipites-tu pas les mortels? » Mes mains, par un excès différent, s'ouvrirent trop pour dépenser, et je me repentis de ma dissipation comme des autres fautes.

» Combien ressusciteront la tête chauve, pour n'avoir pas pleuré, dans leur ignorance, sur ce dérèglement, ou pendant leur vie, ou à la dernière heure !

» Les fautes directement opposées, sache-le bien, s'expient dans le même cercle. Si tu m'as rencontré parmi les âmes pleurant l'avarice, je m'y purifiais du mal contraire. »

Et le chantre des harmonies bucoliques : « Quand tu célébras les cruels combats d'où naquit la double tristesse de Jocaste, la foi ne t'avait point consacré parmi les fidèles ;

» Sa lumière épanche seule la grâce suffisante aux bonnes œuvres, et les sons que Clio jette par ta bouche n'en décèlent point la trace.

» Quel soleil ou quel flambeau t'a dissipé les ténèbres, car depuis tu déploies ta voile à la suite du divin pêcheur ? »

Et Stace à Virgile : « Toi le premier, tu m'as dirigé vers le Parnasse pour m'abreuver dans ses cavernes, et le premier tu m'as illuminé de l'amour de Dieu.

» Tel un voyageur, dans la nuit, porterait derrière lui un fanal, dont les rayons, inutiles à sa marche, assureraient celle des autres pèlerins;

» Tel tu m'apparus dans l'inspiration où tu t'écries : « Le siècle se renouvelle ; la justice va renaître avec le premier âge, et une jeune race descend des cieux. »

» Par toi je fus poète, par toi chrétien. Pour te rendre plus palpable le tissu de ma pensée, j'y répandrai la couleur.

» Le monde entier commençait à se pénétrer de la vraie doctrine, semée par les messagers du royaume éternel.

» Et tes vers cités plus haut désignaient les nouveaux prédicateurs ; je m'accoutumai à les entendre. Combien ils me semblèrent purs !

» Lorsque Domitien les persécuta, nos larmes se confondirent ; tant que je respirai, je les secourus, et leurs mœurs austères me firent mépriser toutes les autres sectes.

» Baptisé avant que mes chants eussent conduit les Grecs au fleuve thébain, je tins par peur mon culte secret, et longtemps j'affichai un reste de paganisme.

» Pour cette tiédeur, j'ai parcouru le quatrième cercle pendant plus de quatre siècles. Toi donc, qui m'as soulevé le voile du bien suprême, instruis-moi, en continuant notre pèlerinage, des choses qui m'intéressent.

» Sais-tu où habitent Térence, notre ancien, et Cœcilius, Plaute, Varron ? Dieu les a-t-il condamnés, et quel bolge les renferme ?

» — Ces ombres, Perse, moi, et beaucoup d'autres ombres, répondit mon guide, nous habitons avec ce Grec, plus tendrement allaité par les Muses.

» Le premier giron du noir labyrinthe nous rassemble ; mainte fois, nous conversons de la montagne où demeurent toujours nos nourrices.

» Là séjournent Anacréon, Simonide, Agathon, et plusieurs Grecs, ombres qui ornèrent jadis leur front de lauriers ;

» Là, le groupe des héroïnes, Antigone, Déiphile, Argia, et Ismène triste comme pendant son existence ;

» On y distingue la vierge qui indiqua la fontaine Langia, puis la fille de Tirésias, et Thétis, et Déidamie avec ses sœurs. »

Attentifs à examiner leur route, les deux poètes se turent, car ils avaient franchi les degrés et les parois.

Les quatre servantes du jour fuyaient, et la cinquième, au timon du char, dressait vers le zénith sa pointe ardente.

Et mon maître : « Il convient, je crois, de tourner notre épaule droite vers le bord du cercle, afin de parcourir la montagne, selon notre coutume. »

L'habitude nous servit de règle, et nous prîmes le chemin avec plus d'assurance sous l'approbation de l'âme juste.

Ils allaient devant, et moi seul après eux. J'écoutais leurs discours, où je puisais l'intelligence de la poésie.

Bientôt les doux entretiens furent interrompus par l'aspect d'un arbre chargé de fruits suaves et délicieux à l'odorat ; il s'élevait au milieu du chemin.

Tel qu'en s'élevant un sapin diminue de branche en branche, l'arbre parfumé décroissait vers le sol, comme pour défendre d'y monter ;

Et du côté où notre route était close, jaillissait d'une haute roche une onde claire s'épandant sur les feuilles.

Les deux poètes s'approchèrent, et, du centre du feuillage, une voix cria : « Vous ne goûterez pas ce fruit. »

Ensuite elle ajouta : « Marie intercède pour vous, Marie, jadis occupée à rendre les noces cananéennes honorables et complètes, non à remplir sa coupe.

» Les antiques Romaines se contentaient d'eau pour boisson ; Daniel méprisait la nourriture et acquit la science.

» Beau comme l'or fut le premier siècle ; avec la faim les glands parurent savoureux, avec la soif, les ruisseaux un nectar.

» Du miel et des sauterelles nourrirent Baptiste dans le désert, lui, le grand apôtre ;

» Aussi sa gloire éclate dans l'Évangile. »

Flaxman. Purgatoire chant 23

Nella pric pour son époux

CHANT VINGT-TROISIÈME.

Fixant mes yeux entre le feuillage vert, je ressemblais à l'homme qui perd frivolement ses heures à la poursuite d'un petit oiseau.

Mon sage guide, plus précieux pour moi qu'un père, me dit : « Viens sans retard ; le temps mesuré pour nous doit mieux s'employer. »

Je dirigeai avec empressement mes regards et mes pas vers les deux poëtes, dont l'entretien me dérobait les fatigues de la marche.

Soudain l'on ouit pleurer et chanter : « Seigneur, tu ouvriras mes lèvres ; » et l'accent de ce cantique me produisait à la fois de la souffrance et du plaisir.

« O doux maître, commençai-je, qu'entends-je ? » Et lui : « Peut-être des ombres dénouent dans leur course le nœud de leurs péchés. »

Comme des pèlerins pensifs, rencontrant des inconnus, les examinent sans s'arrêter,

Une troupe muette et pieuse s'avançait derrière nous, et nous considérait en nous devançant d'un pas rapide.

Chacun d'eux avait les yeux noirs et caves, la face pâle et décharnée ; leur peau accusait la forme des os.

Érésichton, consumé par l'insatiable faim, ne dut pas se trouver réduit à une si affreuse maigreur.

« Tel devait être, pensais-je en moi-même, le peuple chassé de Jérusalem, quand la cruelle Marie dévora son enfant. »

Leurs yeux paraissaient des anneaux sans pierre. Un physionomiste, sachant lire O M O sur la face humaine, aurait discerné la lettre M sur le visage de ces ombres.

L'odeur et la vue d'un fruit et d'une source, en aiguillonnant leurs désirs, les jette dans un tel marasme; nul ne le croirait sans être initié à ce mystère.

Moi, l'ignorant, je m'étonnai de leur phthisie et de leurs tristes écailles. Et voilà que des profondeurs de son crâne une ombre tourna vers moi ses yeux :

Elle me regarda fixement, et s'écria d'une voix forte : « Grâce miraculeuse et inattendue ! »

Je n'aurais point reconnu son visage; mais sa voix fit briller à mon souvenir l'image que ses traits avaient absorbée.

Cette lueur vive la recomposant tout entière dans mon esprit, à travers son masque déformé je retrouvai Forèse.

« Ah ! gémit-il en suppliant, malgré la lèpre décolorant ma peau aride, et l'absence de ma chair, ne refuse point de me parler. Confie-moi d'abord la vérité sur toi-même et sur ces deux âmes, ton escorte. »

Et moi à lui : « Toi, que je pleurai mort, tu ne m'offres pas aujourd'hui un sujet moins douloureux de larmes en te voyant si défiguré.

» Au nom de Dieu, révèle-moi donc qui vous étiole ainsi? Tant que cette idée me tourmente, ne me demande rien; on parle mal obsédé d'un autre soin. »

Et l'ombre hâve : « De l'éternelle justice une vertu tombe sur cette eau et sur cet arbre laissés derrière nous : vertu secrète dont le pouvoir nous dessèche.

» Toutes les âmes qui chantent en pleurant ici, pour avoir délecté leurs bouches outre mesure, doivent se sanctifier par la faim et la soif.

» Le parfum de ces fruits et le gazouillement de cette onde coulant sur la verdure allument en nous le désir de boire et de manger.

» Chaque fois que nous faisons le tour du cercle, notre peine recommence; je dis peine et devrais dire allégresse.

» Nous gravissons vers l'arbre expiatoire avec le même transport dont fut saisi le Christ proférant plein de joie : « Éli ! » quand il racheta le monde avec le sang de ses veines. »

Et moi à lui : « Forèse, cinq années ne sont pas révolues depuis l'instant où tu as échangé ton existence mortelle contre une meilleure.

» Si la mort a devancé pour toi le repentir salutaire, gage de réconciliation avec Dieu, comment parcours-tu la pyramide sainte?

» Je croyais te rencontrer au bas de la montagne, où le temps se rachète par le temps. » Et lui à moi : « Les larmes intarissables de ma Nella m'ont obtenu de savourer la douce absinthe de mes douleurs ;

» Par ses prières et par ses soupirs, elle m'a retiré de la vallée d'attente, et m'a fait franchir les autres cercles.

» Presque seule vertueuse, ma pauvre veuve chérie plaît d'autant plus au Seigneur, car la Barbagia de Sardaigne nourrit des femmes plus chastes que la Barbagia où j'ai laissé la mienne.

» O mon bien-aimé frère, que veux-tu que je dise? Un âge futur m'apparaît, âge pour lequel l'heure présente ne sera pas très vieille ;

» Âge où les prédicateurs défendront en chaire aux impudiques Florentines d'étaler leurs mamelles.

» Contre quelles femmes barbares ou quelles Sarrasines fut-on jamais obligé d'évoquer des censures spirituelles ou d'autres lois pour les forcer à se couvrir?

» Si elles savaient, ces dévergondées, le sort prochain dont le ciel les menace, elles auraient déjà la bouche ouverte pour hurler.

» Et si ma prévoyance ne m'abuse, elles deviendront tristes avant que le duvet ne pare les joues de l'enfant bercé aujourd'hui aux chansons de sa nourrice.

» Ah! frère, ne te cache plus à nous; toutes les âmes regardent, ainsi que moi-même, la place où ton corps a voilé le soleil. »

Et moi à l'ombre : « Si tu te remémories comme nous vécûmes ensemble, amer t'en sera le souvenir.

» Le sage qui me précède me tira des sentiers tortueux de la vie, lorsque la sœur du grand astre régnait dans sa plénitude. » Et je montrai le soleil.

« Ce conducteur paternel m'a guidé, moi, revêtu de ma chair véritable, à travers la profonde nuit des véritables morts.

» Son aide m'a soutenu jusque sur les degrés et dans les détours de la montagne, dont le contact vous redresse, vous que le monde a déformés ;

» Il doit m'accompagner jusqu'à la sphère où se dévoilera Béatrice, et alors nous nous séparerons.

» Ainsi m'a parlé Virgile, » et du doigt je montrai mon guide. « Pour l'autre ombre, votre royaume a tremblé naguère dans toutes ses cavernes,

» A l'heure où sonna sa délivrance. »

Pénitence des Gourmands.

CHANT VINGT-QUATRIÈME.

Notre entretien ni notre marche ne se ralentissaient; tout en discourant, nous allions comme un navire poussé par un vent favorable.

Les ombres exténuées, pareilles à des choses deux fois mortes, me témoignaient, empreinte dans leurs yeux caves, toute leur admiration de me savoir vivant.

Et moi, continuant mon discours : « Cette âme affranchie s'envole peut-être à la béatitude plus lentement, à cause de nous.

» Mais indique-moi, si tu en as connaissance, où est Piccarda. Y a-t-il quelque ombre digne de remarque parmi la foule attachée à m'observer ? »

Forèse répondit : « Ma sœur, si belle et si bonne (je ne sais ce qu'elle fut davantage), triomphe déjà, joyeuse de sa couronne, dans le divin empyrée. »

Mon compatriote ajouta : « Ici on ne défend de nommer personne, parce que notre visage est abîmé par la faim.

» Regarde, et il le désigna du doigt, Buonagiunta de Lucques. Plus loin ce spectre, dont les os percent affreusement la face amaigrie, eut la sainte Église dans ses bras ;

» Il naquit à Tours, et il expie par le jeûne les anguilles de Bolzena, cuites dans du vin doux. »

Le pénitent m'en nomma beaucoup d'autres un à un, et tous paraissaient heureux de s'entendre nommer.

Parmi ces affamés, dont les dents s'usent à ronger le vide, je distinguais Ubaldin della Pila, et Boniface qui nourrit beaucoup de monde avec son rochet.

Messer Marchèse, moins altéré jadis, eut le temps de boire à Forli sans se rassasier. Comme on apprécie chacun diversement dans une réunion, je fixai ma préférence sur le Lucquois ;

Lui semblait me connaître, et balbutiait le nom de Gentucca dans sa gorge consumée par les plaies de la justice.

« O âme jalouse de converser avec moi, lui dis-je, tâche de rendre tes paroles distinctes à mon oreille, et remplis notre vœu commun. »

Et l'ombre : « Une femme, trop jeune aujourd'hui pour ceindre le bandeau, respire dans ma cité ; sa présence te captivera, quoiqu'on la blâme.

» Emporte ma prédiction. Si mes accents mal articulés te causent quelque erreur, les évènements viendront t'en instruire.

» N'es-tu pas le poète dont les nouvelles canzones commencent par ce vers : Dames qui avez l'intelligence de l'amour? »

Et moi à l'ombre : « Je note les inspirations éveillées par l'amour, et, sur le mode qu'il me dicte, je chante.

» — O frère, poursuivit l'ombre, je conçois maintenant le nœud dont le réseau nous a retenus, le notaire, Guittone, et moi, loin de ce doux et nouveau style.

» Vos ailes suivent fidèlement le mélodieux inspirateur; les nôtres s'égarèrent dans d'autres voies.

» Celui qui prétend s'aventurer au delà ne sait plus discerner le style vieux du nouveau. » Et l'ombre se tut satisfaite.

Les oiseaux hivernant sur les bords du Nil forment parfois une bande compacte, puis fendent l'espace avec plus de vitesse et s'éloignent à la file ;

Ainsi les âmes réunies tournèrent le visage et hâtèrent le pas, légères par leur maigreur et par leur volonté.

Comme, fatigué de courir, un homme laisse aller ses compagnons, jusqu'à ce que le souffle de ses poumons se calme,

Forèse laissa passer le saint troupeau, et il cheminait derrière eux avec moi en disant : « Quand te reverrai-je ?

» — J'ignore, lui repartis-je, combien je dois vivre. Quelque prochain que soit mon retour, il n'arrivera jamais assez promptement au gré de mon souhait ;

» Car le lieu où je fus jeté sur terre dépouille de jour en jour ses principes de vertu, et penche vers une ruine lamentable. »

Et l'ombre : « Console-toi ; le plus criminel, je le vois traîné à la queue d'un cheval vers la vallée où l'on ne lave plus ses crimes ;

» Le cheval précipite sa course à chaque bond, et il vole jusqu'à ce que le corps, déchiré en lambeaux, gise, horrible décombre.

» Les sphères n'ont pas beaucoup à graviter (et il leva les yeux au ciel), mes prophéties voilées n'auront plus rien d'obscur.

» Désormais je te quitte ; le temps est précieux dans ce royaume ; j'en perds trop avec toi en marchant de la sorte deux à deux. »

Comme un cavalier s'échappe au galop d'une troupe chevauchant, et la devance, afin d'avoir l'honneur du premier choc ;

Tel, et d'un mouvement plus véloce, l'esprit se sépara de nous. Je restai sur la route avec les deux sages, illustres maîtres en poésie.

Bientôt l'ombre fut assez éloignée pour que mes yeux la suivissent comme mon esprit suivait ses paroles.

J'aperçus les rameaux chargés de fruits et vivaces d'un autre pommier voisin : sous l'arbre séducteur, des âmes élevaient les mains avec des cris confus vers son feuillage.

Tels des petits enfants avides et fantasques supplient, par mille prières, une personne insensible ; pour aiguiser leur convoitise, on dérobe à leur atteinte, non à leur vue, l'objet de leur espoir.

La cohorte pénitente se retira comme désabusée ; nous abordâmes le grand arbre rebelle à tant de larmes et de supplications.

« Passez outre sans vous approcher ; plus haut se dresse un arbre dont le fruit fut mordu par Ève ; cet arbre en est un rejeton. »

Ainsi, à travers les branches, parlait une voix inconnue. Virgile, Stace et moi, nous passâmes donc outre, en nous serrant contre le côté de la hauteur.

« Souvenez-vous, tonnait la voix, de ces maudits conçus dans les nuages ; ivres, ils combattirent Thésée avec leur double poitrine.

» Souvenez-vous des Hébreux énervés par la boisson ; c'est pourquoi Gédéon ne les voulut pas pour défenseurs, lorsqu'il descendit les collines près de Madian. »

Tels, serrés contre l'un des deux bords, nous passions en écoutant les divers péchés de gourmandise payés autrefois par de justes misères.

Puis, rentrés dans le milieu de la route, nous avançâmes durant mille pas et plus, méditant chacun en silence.

« Où allez-vous, seuls tous trois et rêvant? » dit tout à coup une autre voix : et je tressaillis comme les animaux épouvantés et peureux.

Je levai la tête : jamais dans la fournaise n'étincelèrent le cristal ou les métaux éclatants et rouges, comme l'esprit murmurant ces paroles :

« S'il vous plaît de gravir, voilà votre chemin ; par lui monte l'âme amoureuse de la paix. »

Son éclat m'avait aveuglé d'éblouissement ; je me retournai vers mes sages maîtres, comme un voyageur guidé par le son.

Messagère de l'aurore, la brise de mai se répand et embaume, toute imprégnée de l'herbe et des fleurs ;

De même je sentis un zéphyr caresser mon front, et se mouvoir une aile odorante d'ambroisie, et j'entendis moduler :

« Heureux celui qui brûle du feu de la grâce ! Heureux celui dont l'amour du sensualisme ne gonfle pas la poitrine !

» Heureux celui qui mange seulement selon sa faim ! »

Ames dans la Fournaise

CHANT VINGT-CINQUIÈME.

———

C'était l'heure de gravir sans délai le mont sacré ; le soleil avait laissé le méridien au signe du taureau, et la nuit au signe du scorpion.

L'homme pressé par l'aiguillon du besoin pérégrine sans se reposer, quoi qu'il rencontre sur son passage.

Ainsi nous pénétrâmes, à la file, dans l'ouverture du rocher, en grimpant l'étroit escalier où l'on ne peut monter de front.

Parfois le petit de la cigogne lève ses ailes dans le désir de voler, n'ose fuir le nid, et les rabaisse ;

De même s'allumait et s'éteignait mon envie d'interroger mon maître, et les mots expiraient sur ma lèvre prête à s'ouvrir.

Malgré la roideur de notre escalier, le doux père, encourageant mes questions : « Tire donc l'arc de ta parole bandé jusqu'au fer de la flèche. »

Rassuré, je commençai : « Par quel mystère devient-on hâve dans un lieu où la nourriture n'est plus nécessaire à votre substance ? »

Et Virgile : « Tu le comprendrais sans peine, si tu te rappelais comment se consuma Méléagre à mesure que se consumait un tison.

» L'âpre mystère amollirait pour toi sa rude écorce, si tu songeais de quelle façon votre image suit votre mouvement dans le miroir.

» Mais voilà Stace; il apaisera ton anxiété. Je l'adjure à mon tour de guérir ta plaie. »

« — Si je lui découvre le royaume éternel en ta présence, excuse-moi de ne pouvoir te refuser de répondre. »

Et le Toulonsain ajouta : «Mon fils, recueille et conserve mes paroles; leur enseignement t'éclairera sur l'objet de ta demande.

» Le plus pur du sang, n'étant jamais bu par les veines altérées, demeure intact comme les mets de luxe qu'on dessert à la fin d'un banquet;

» Il puise dans le cœur une vertu propre à former les membres humains, comme celui qui traverse les veines alimente ces membres;

» Elaboré encore, il descend dans la partie dont la Muse taira le nom, et se mêle à un autre sang dans le vase naturel.

» Là s'unissent les deux substances : l'une passive, l'autre douée de la puissance génératrice.

» Alors le sang primitif opérant, par une mystérieuse fusion, ravive la matière destinée à enfanter, et sa vertu vivante devient une âme végétative comme celle d'une plante.

» Seulement, la plante touche à sa limite, et ici la progression commence, car déjà la matière se meut et acquiert la sensation comme le polype marin;

» Puis elle organise les facultés dont elle est le germe. Tantôt s'élargit, tantôt se développe la vertu créatrice, et la nature laborieuse veille sur son œuvre.

» Comment d'animal cette vertu devient homme, tu ne le sais pas, cette question a fait errer plus sage que toi.

» D'après sa doctrine, un philosophe sépare de l'âme l'intelligence à naître dans l'embryon, parce qu'il ne lui reconnaît aucun organe spécial. Reçois la lumière de la vérité par ma bouche.

» Les ressorts du cerveau à peine achevés dans le fœtus, le moteur suprême jette un regard joyeux sur le chef-d'œuvre de la nature, et lui souffle un esprit nouveau tout rempli de vertu;

» Cet esprit s'unit à la substance naissante et forme une seule âme animée, sensible, et se repliant sur elle-même.

» Pour être moins stupéfait de mes discours, considère la chaleur du soleil transformée en vin, lorsqu'elle s'unit au jus fermenté de la vigne.

» Quand Lachésis n'a plus de lin, l'âme abandonne la chair et emporte virtuellement les facultés humaines et les facultés divines.

» Les premières, presque muettes, ne rendent plus d'accord ; mais la mémoire, l'intelligence et la volonté acquièrent une action plus vive et plus subtile.

» Sans s'arrêter, l'âme vole merveilleusement d'elle-même à l'un des rivages ; là, elle apprend son destin futur.

» Aussitôt qu'une place lui est assignée, la vertu informative rayonne tout autour, comme elle rayonnait autour de son enveloppe corporelle ;

» Et comme l'atmosphère pluvieuse, où les rayons du soleil se réfléchissent, éclate et se nuance de diverses couleurs,

» L'air environnant revêt la forme imprimée par l'âme dans son nouveau domaine, et, comme la flamme suit le feu dans tous ses mouvements, la forme nouvelle va toujours suivant l'esprit.

» Comme l'âme tire son apparence de cette forme illusoire, elle est appelée ombre ; enfin, elle recompose tous les sens, jusqu'à celui de la vue.

» De là, nous parlons, de là nous rions, de là nous répandons les larmes et les soupirs entendus par toi sur la montagne.

» Selon que nos désirs et nos autres passions s'émeuvent, l'ombre prend diverses figures : voilà le motif de ce qui t'étonne. »

Nous étions parvenus au cercle du dernier châtiment, et nous avions tourné à main droite ; un autre soin nous rendait attentifs.

En ce lieu, le bord de la montagne darde des flammes, et de la profondeur souffle en haut un vent qui les repousse.

Il nous fallait longer le bord ouvert : d'un côté, le feu ; de l'autre, l'abîme : double crainte.

Et mon guide : « Tiens ton attention bien ferme ; l'erreur du vertige nous menace. « Dieu de souveraine clémence ! » ouis-je alors chanter au milieu de la grande fournaise.

Une phalange d'esprits marchait derrière nous dans la flamme ; je regardais tour à tour leurs pas et les miens.

Après le dernier verset de l'hymne, ils criaient : « Je ne connais point d'homme. » Ensuite ils redisaient l'hymne à voix basse.

Quand ils avaient fini, de nouveau ils s'exclamaient : « Diane resta dans le bois et en chassa Hélice, qui avait goûté le poison de Vénus. »

Et les âmes recommençaient leur concert : elles célébraient la chasteté des époux et des épouses fidèles aux saintes lois du mariage et de la vertu.

Tant que la flamme doit les consumer, les mêmes hymnes et les mêmes cris se renouvelleront ;

Ces exercices pieux cicatrisent leurs blessures.

Les âmes se donnent le baiser de Paix.

CHANT VINGT-SIXIÈME.

Tandis que nous côtoyions le bord escarpé, mon sage maître m'avertissait de moment en moment : « Prends garde, disait-il, aide-toi; suis mes conseils. »

Le grand astre, frappant mon épaule droite, rayonnait sur l'occident et changeait en un blanc pâle sa couleur d'azur.

Comme l'ombre de mon corps semblait rendre la flamme plus rouge, le phénomène étrange préoccupait dans leur marche les âmes pénitentes;

Elles murmurèrent en me désignant : « Ce pèlerin ne paraît pas avoir un corps fictif. »

Pour s'en assurer, elles s'approchèrent, mais en se gardant de sortir des flammes expiatoires.

Et l'un des esprits : « O toi, qui chemines derrière les deux âmes voyageuses, non peut-être par indolence, mais plutôt par respect, réponds à une ombre consumée par la soif et par le feu.

» Je n'attends pas seul ta réponse; toutes mes compagnes en sont plus avides que l'Éthiopien ou l'Indien d'une eau froide.

» Explique-nous pourquoi tu interceptes les rayons solaires, comme si tu n'étais pas tombé dans les filets de la mort. »

J'allais satisfaire l'ombre; mon attention fut captivée par un nouveau spectacle.

Une seconde troupe traversait le giron enflammé, le visage tourné vers la première, ce qui me plongea dans le doute et la surprise.

Je vis des deux côtés s'élancer chaque âme, et les âmes sœurs s'embrasser mutuellement, puis repartir joyeuses de cette courte effusion;

De même, au milieu de leurs noirs bataillons, les fourmis s'amusent à flairer leurs compagnes, comme pour s'enquérir de leur route ou de leurs aventures.

Après cet accueil amical, avant de poursuivre, elles s'efforcent toutes de crier à l'envi, les nouvelles arrivées : « Sodôme et Gomorrhe ! »

Et les autres : « Pasiphaé emprunta la peau d'une génisse pour exciter la luxure d'un taureau. »

Ensuite, semblables aux grues prenant leur vol, les unes vers les monts Rifées, le reste vers les déserts de sable, celles-ci fuyant la glace, celles-là le soleil ;

Les deux troupes se séparèrent en se croisant, et, tout en pleurant, elles reprenaient leurs premières psalmodies et leurs cris habituels.

Les ombres qui m'avaient d'abord interrogé revinrent près de moi, curieuses et prêtes à m'écouter.

J'avais deux fois remarqué leur désir, et je commençai de la sorte : « O âmes certaines de parvenir un jour à la béatitude, mes ossements ne sont pas restés sur la terre.

» Je ne suis mort ni vieux ni jeune ; je viens ici avec le sang de mes veines et les articulations de mes membres.

» Je monte aux régions lumineuses pour ne plus être aveugle. Une femme sainte, de leur sphère, m'a procuré cette grâce ; voilà pourquoi je traîne mon enveloppe mortelle dans votre monde.

» Puisse bientôt s'accomplir le plus grand de vos vœux! Puisse le ciel le plus vaste et le plus inondé d'amour vous recevoir dans ses lambris !

» Dites-moi, afin que je l'inscrive sur le livre de mon pèlerinage, qui êtes-vous et quelle foule vous escorte? »

Chacune des âmes parut se troubler de ma réponse, comme le montagnard naïf et sauvage pénétrant, muet d'admiration, dans une ville opulente :

Stupeur passagère, vite calmée dans les cœurs magnanimes et dans cette noble troupe ! Et la première âme, mon interlocutrice : « Heureux, toi qui puises en notre séjour des leçons pour une meilleure vie.

» Les âmes poussées dans une direction contraire à la nôtre commirent le péché pour lequel César, pendant son triomphe, s'entendait railler et appeler *reine*.

» Sodôme ! crient-elles donc en s'éloignant; et en s'accusant comme tu l'as entendu, elles activent la vertu de la flamme.

» Notre faute outragea doublement la nature. Infidèles à la loi humaine et vouées à la passion bestiale, pour notre opprobre, nous prononçons, en nous séparant, le nom de la femme abrutie dans une peau de bête.

» Voici nos actes et notre châtiment. Le temps ni notre supplice ne me permettent de t'apprendre nos origines; je te confierai seulement la mienne.

» Je suis Guido Guinicelli, et je me purifie déjà, parce que j'ai connu le repentir avant mon heure suprême. »

Les deux fils retrouvant leur mère poursuivie par la vengeance de Lycurgue témoignèrent une joie égale à ma joie, et je ne la laissai pas éclater, comme j'aurais voulu, en revoyant Guido,

Guido, mon père, et le père de beaucoup d'autres plus savants, qui ont écrit de douces et gracieuses poésies d'amour.

Muet et absorbé, je marchai pensif en le contemplant; la flamme seule élevait un obstacle entre nous.

Quand mes yeux furent rassasiés, je lui offris les gages de mon dévoûment avec les attestations les plus persuasives.

Et l'âme du troubadour : « Le fleuve même du Léthé n'effacera pas de mon souvenir les ardentes marques de ta tendresse.

» Par la sincérité de tes serments, daigne me révéler pour quel motif ta voix et tes regards me démontrent une si vive affection. »

Et moi à lui : « Vos douces chansons, tant que florira le langage moderne, rendront précieux les caractères qui les ont tracées. »

Et le troubadour : « O frère, celui que j'indique du doigt » et il me désigna un esprit le précédant, « fut meilleur ouvrier dans sa langue maternelle.

» En vers d'amour et en prose de roman, il surpassa tous ses rivaux ; laisse les sots lui préférer le rimeur limousin.

» La bruyante renommée les attire, non la vérité ; ils adoptent une opinion avant d'écouter l'art ou un jugement sage.

» Beaucoup d'anciens ont pareillement clamé pour Guittone en lui décernant la palme ; cependant la vérité triomphe par la bouche des derniers juges.

» Or, si une rare faveur t'ouvre le divin cloître où règne le Christ, soupire-lui, en ma mémoire, les versets de l'Oraison dominicale, ceux nécessaires dans ce monde où nous ne pouvons plus pécher. »

A ces mots, sans doute pour laisser la place à une autre ombre, l'âme disparut dans le feu, comme le poisson dans le fond de l'onde.

Je m'adressai à l'esprit que Guido m'avait indiqué du doigt, et je lui exprimai combien je désirais savoir son nom, cher d'avance à mon cœur ;

Et il commença gracieusement à réciter les vers suivants dans la langue provençale.

> Tant me plaît votre courtoise demande,
> Je ne puis ni ne veux me cacher à vous ;
>
> Je suis Arnault qui pleure et vais chantant ;
> Je vois chagrin ma folie passée :
> Je vois joyeux la joie que j'espère à l'avenir.
>
> Maintenant, je vous prie, par cette vertu
> Vous guidant au sommet, sans chaleur ni froid,
> Souvenez-vous d'adoucir ma douleur.

Et le chantre disparut dans la flamme purificatrice.

Sommeil des trois Poëtes

CHANT VINGT-SEPTIÈME.

———

Le soleil dardait ses premiers rayons sur la ville où fut répandu le sang de son créateur, au moment où l'Èbre roule ses eaux sous le signe élevé de la Balance, et où le Gange s'embrase au retour de midi.

Pour nous donc le jour finissait, lorsque nous apparut un ange radieux, debout sur la rive, en dehors de la flamme et modulant ce cantique :

« Bienheureux ceux dont le cœur est pur ! » Sa voix résonnait plus éclatante que celle des humains ; et il ajouta, quand nous fûmes proches :

« O saintes âmes, on ne pénètre pas plus loin, si d'abord le feu ne vous éprouve. Élancez-vous dans la fournaise, et prêtez l'oreille aux chants que vous allez entendre. »

Ces paroles de l'ange me rendirent comme le cadavre descendu dans la fosse ; je levai mes deux mains jointes en regardant le feu, car je me peignais vivement les corps humains dont j'avais vu les auto-da-fé.

Mes bons guides me rassurèrent par leurs regards, et Virgile : « Mon fils, ici on peut souffrir un tourment, non la mort. Souviens-toi ! souviens-toi !

» Je t'ai conduit intact sur les épaules de Géryon ; combien ne saurai-je pas te protéger plus près du divin trône ?

» Demeurerais-tu mille ans dans le gouffre de cette flamme, tiens-le pour certain, tu ne perdrais pas un cheveu.

» Conserves-tu quelque doute? frôle son contact, et soumets-lui le bord de ta robe. Dépose désormais, dépose la crainte; tourne par ici, et traverse avec sécurité. »

Je restais sourd, malgré ma conscience. Devant ma peur opiniâtre, Virgile, un peu troublé, me jeta pour aiguillon : « O mon fils, entre Béatrice et toi il n'y a plus que cette barrière. »

Comme au nom de Thisbé, Pyrame, près de mourir, ouvrit les yeux et la regarda sous le mûrier qui, depuis, donna des fruits vermeils;

Ainsi s'évanouit ma résistance, et je me tournai vers mon maître, en écoutant le nom dont l'écho retentit toujours dans mon cœur.

Alors, secouant la tête, il reprit : « Comment! voulons-nous languir sur la rive? » et il sourit comme à un enfant vaincu par un fruit.

Et il me précéda au milieu de la fournaise, priant Stace de nous suivre, lui qui, pendant un long chemin, nous avait séparés tous deux.

Parvenus au milieu des flammes, je me serais précipité, pour me rafraîchir, dans du verre bouillant, tellement la chaleur y dévorait.

Le doux poète, pour m'encourager, me parlait en marchant de Béatrice. « Déjà, disait-il, je crois voir briller ses yeux. »

Nous étions guidés par une voix qui chantait; en la suivant, nous sortîmes des flammes et nous arrivâmes à un nouveau degré.

« Accourez, ô élus de mon père! » murmurait une autre voix du centre d'une lumière éblouissante. « Le soleil se retire, continua-t-elle, et le soir avance.

» Ne vous attardez point. Hâtez votre course tandis que l'occident n'est pas encore noir. »

Le sentier montait droit à travers la roche, et mon ombre brisait les rayons du soleil couchant.

A peine avions-nous franchi quelques gradins, mes sages guides et moi nous sentîmes, au déclin de l'ombre, la disparition de l'astre.

Avant que l'horizon eût revêtu le même aspect dans ses zônes immenses et que la nuit eût partout déployé son voile, nous prîmes chacun pour lit un des degrés de la sainte pyramide;

Sa roideur nous ôtait le pouvoir, non le vœu fervent de gravir. Telles les chèvres pétulantes et hardies sur la crête des monts avant d'avoir brouté leur agreste festin, demeurent ensuite doucement à ruminer;

Pendant que le soleil flamboie, elles se tiennent silencieuses à l'ombre, gardées par le pasteur appuyé sur sa houlette, leur protectrice;

Et tel le berger, veillant la nuit autour de son paisible troupeau, rôde en sentinelle pour en écarter la bête féroce;

Tels tous trois nous étions, moi comme la chèvre, eux comme les pasteurs, environnés par les cercles caverneux.

Un faible espace du ciel se découpait seul visible; mais les étoiles y scintillaient, plus claires et plus grandes que d'habitude.

Méditant et observant tour à tour, je fus pris par le sommeil, le sommeil dont les révélations annoncent souvent la chose future.

A l'heure, je crois, où Cythérée, toujours brûlante du feu d'amour, lançait de l'orient ses premières clartés sur la montagne,

Il me semblait voir en songe une femme jeune et belle cueillant des fleurs à travers la prairie, et en errant elle chantait :

« Quiconque demande mon nom sache que je suis Lia; je vais étendant partout mes belles mains pour me tresser une guirlande.

» Ici, pour me plaire, je me pare devant le miroir; Rachel, ma sœur, ne quitte jamais le sien, et reste assise devant lui tout le jour.

» Elle prend plaisir à contempler ses beaux yeux, comme moi à m'orner de mes mains. La contemplation, voilà sa béatitude; agir, voici la mienne. »

Déjà s'épanouissaient les splendeurs de l'aurore, d'autant plus agréables aux pèlerins, qu'ils se rapprochent de leur patrie;

Déjà, dis-je, les ténèbres fuyaient de toutes parts, et avec les ténèbres mon sommeil. Je me levai donc en voyant mes nobles maîtres debout.

« Ce fruit savoureux que l'inquiétude des mortels cherche sur tant de branches aujourd'hui calmera ton ardeur. » Ainsi parla Virgile, et jamais don plus charmant de nouvelle année.

Les ailes de mon essor croissaient à chaque pas, tellement le désir doublait mon désir. Au sommet de l'escalier sacré, Virgile, fixant sur moi les yeux, prononça ces mots :

« Le feu éternel et la flamme passagère, tu les as vus, ô mon fils. Te voilà parvenu au lieu où, par moi seul, je ne puis plus rien découvrir.

» Je t'ai amené ici par mon intelligence et mon art; prends désormais ta volonté pour guide; tu as franchi les voies escarpées, tu as franchi les voies étroites.

» Regarde : le soleil resplendit sur ton front; regarde l'herbe, les fleurs et les arbrisseaux produits par cette terre sans culture.

» Bientôt descendront, brillants de joie, les beaux yeux dont les larmes m'ont fait voler à ton secours; en attendant, tu peux t'asseoir ou parcourir ces délices.

» N'espère plus mes entretiens ni mes conseils. Suis ton libre arbitre droit et sain; consulte ton jugement.

» Va, en te créant ton roi, je te couronne et te sacre. »

Matilde

CHANT VINGT-HUITIÈME.

La forêt divine, chevelue et florissante, tempérait l'éclat du jour nouveau ; j'étais impatient de parcourir ses contours et ses riants dédales.

Sans plus attendre, quittant les cercles expiatoires, je m'avançai lentement, lentement à travers la campagne sur le sol embaumé de mille odeurs.

Un air doux et inaltérable m'effleurait le front comme un suave zéphyr ; son haleine inclinait les feuilles mouvantes du côté où la montagne sainte projette sa première ombre.

Mais la légère ondulation des rameaux ne troublait point, sur leurs cimes, les petits oiseaux pratiquant leur art;

Joyeux, ils saluaient les heures matinales en chantant dans le feuillage, dont le murmure se mariait à leurs concerts.

Tels frémissent, de branche en branche, les pins harmonieux sur la grève de Chiassi, lorsqu'Éole laisse échapper le sirocco.

Toute lente que fût ma promenade, je m'étais déjà trop avant plongé dans l'antique forêt pour y retrouver la première empreinte de mes pas.

Soudain je fus arrêté par un ruisseau coulant à gauche et pliant de ses frêles ondes l'herbe née sur ses bords ;

Les plus pures eaux terrestres paraîtraient mélangées auprès de son eau transparente, quoiqu'elle coule sombre, sombre sous le perpétuel ombrage, où ne rayonnent jamais le soleil ni la lune.

Suspendu immobile, je portai mes regards au delà du ruisseau pour y admirer la riche variété des arbres verdoyants.

Mainte fois un prodige subit éclipse merveilleusement toute autre pensée; ainsi m'apparut une ravissante créature.

Solitaire, elle s'en allait chantant et cueillant tour à tour la fleur des fleurs dont s'émaillait sa route.

« Belle dame, embrasée aux rayons d'amour, si j'en crois les traits, miroir accoutumé du cœur,

» Daigne, lui dis-je, t'approcher de cette onde assez pour que je puisse ouïr tes accords.

» Tu me fais souvenir du lieu où errait Proserpine, et combien elle était charmante à l'époque où sa mère la perdit, et où elle-même perdit le printemps. »

Comme se tourne, avec les plantes des pieds joints et posés sur le sol, une femme qui danse, et met à peine un pied devant l'autre,

Sur les petites fleurs jaunes et pourprées, la belle créature se tourna vers moi, semblable à une vierge baissant ses paupières modestes;

Puis elle exauça mes vœux en s'approchant du bord, de manière à ce que j'entendisse les moindres échos de ses douces mélodies.

Dès qu'elle eut atteint la rive dont les ondes limpides baignent le gazon, par une grâce ineffable, elle leva les yeux;

Une lumière aussi resplendissante n'a point dû briller sous les cils de Vénus, quand son fils la blessa contre sa coutume.

Et de la rive droite la gracieuse apparition me souriait, tout en moissonnant les innombrables couleurs floréales produites naturellement sur cette terre sublime.

Le ruisseau ne nous séparait que de trois pas; mais l'Hellespont ne fut point davantage odieux à Léandre nageant entre Sestos et Abydos,

L'Hellespont traversé jadis par Xerxès (exemple dont le frein modère encore tous les orgueils mortels).

« Vous êtes nouveaux-venus, commença la vierge; peut-être mon sourire vous étonne dans ce lieu choisi pour berceau à la nature humaine, et vous inspire un soupçon.

» Que le cantique « Vous m'avez réjoui, ô mon Dieu ! » dissipe à sa clarté les nuages de votre intelligence.

» Toi qui marches devant, et qui m'as priée de parler, souhaites-tu savoir quelque autre chose? Me voici prête à te répondre selon tes demandes. »

Je m'exprimai de la sorte : « L'aspect de l'onde et le murmure de la forêt combattent en moi mes impressions nouvelles, contraires à celles du globe des vivants. »

Et la belle créature : « Je te dévoilerai la cause de ce qui t'émerveille, et je déchirerai le bandeau de ton erreur.

» La souveraine béatitude, savourant en elle son unique volupté, créa l'homme bon et pour le bien; ce jardin lui fut donné comme un gage de la paix éternelle.

» A cause de sa chute, l'homme y demeura peu; à cause de sa chute, il changea en plainte et en tristesse une joie innocente et des plaisirs purs.

» L'Éden bienheureux fut abrité contre les désordres soulevés plus bas par les exhalaisons des flots et de votre terre, attirées vers le foyer du soleil;

» Sa hauteur, voisine de la voûte sidérale, offre à ses habitants un calme immuable, et nul orage n'y souffle depuis la porte de son enceinte.

» Or, comme l'air se meut en circuit, poussé par le premier mobile, si rien ne brise le cercle éthéréen,

» Un mouvement pareil vient frapper cette hauteur libre dans l'air vif et pur, et il fait résonner les arbres touffus de la forêt.

» Les arbres ébranlés imprègnent l'air de leur vertu, et l'air, en tournoyant, la sème de tous côtés;

» Et le sol miraculeux, selon sa nature ou sa zône, conçoit et enfante divers arbres doués de facultés diverses.

» Ne sois donc point surpris si des plantes croissent dans votre monde sans aucune semence apparente; la campagne sacrée enferme tous les germes et des fruits que l'on ne cueille pas ailleurs.

» L'onde fortunée ne jaillit pas d'une veine nourrie par la vapeur résolue en pluie sous le contact du froid de l'atmosphère, comme un fleuve dont l'urne s'emplit et se vide.

» Une fontaine régulière et intarissable va puiser dans la volonté divine, à mesure qu'elle l'épanche, une onde égale par ses deux courants.

» D'un côté, cette onde descend avec le pouvoir d'ôter le souvenir des péchés; de l'autre, elle rend la mémoire de chaque bienfait.

» Ici elle se nomme Léthé, plus loin Eunoë; il faut avoir bu des deux pour en éprouver la puissance; et son incomparable saveur enchante.

» Mes éclaircissements doivent suffire pour apaiser ta curiosité avide; cependant je t'accorderai au delà de ma promesse, et mes discours, je l'espère, ne te sembleront pas moins précieux.

» Les poëtes, dont la lyre antique célébra l'âge d'or et son règne heureux, ont peut-être rêvé ce lieu sur le Parnasse.

» Ici la tige humaine s'éleva innocente; ici l'éternel printemps et tous les fruits; ici le nectar dont chacun devise. »

Je me mis à considérer Virgile et Stace, et je remarquai leur sourire à cette dernière explication;

Puis je reportai mes regards sur la belle créature.

Les vingt quatre Vieillards

CHANT VINGT-NEUVIÈME.

Comme une dame éprise d'amour, la vierge chanta, en achevant ses bienveillantes paroles : « Heureux les pécheurs dont les fautes sont pardonnées ! »

Ensuite, comme des nymphes errantes solitaires sous les ombrages des bois cherchent, les unes à fuir, les autres à voir le soleil,

Elle se dirigea contre le cours du fleuve en marchant sur la rive, et moi, réglant mon pas sur le sien, j'allais doucement.

Après un étroit intervalle, lorsque les deux bords se courbèrent, je me trouvai en face du levant. Bientôt, la dame angélique m'interpella en ces termes : « Mon frère, écoute et regarde. »

Une lueur subite parcourut l'immense forêt dans toutes ses arches, lueur brillante et rapide comme l'éclair ;

Mais l'éclair brille et s'évanouit, tandis que la lueur prolongée resplendissait de plus en plus. Quel prodige ! pensais-je en moi-même.

Une douce mélodie se répandait dans l'éther lumineux. Mon zèle sage me fit blâmer la témérité d'Ève ;

Car, au milieu des harmonies de la terre et du ciel, cette femme seule, à peine créée, ne put souffrir un voile devant ses yeux ;

Si elle eût vécu résignée sous ce voile, j'aurais goûté plus tôt et plus longtemps les ineffables délices.

Parmi les préludes magnifiques de l'éternelle allégresse, j'errais comme dans l'extase, et altéré d'une plus grande joie.

Devant nous, l'éther, pareil à un fluide ardent, se montra flamboyant sous les verts rameaux, et le doux son déjà entendu devint un chant clair et distinct.

O vierges saintes! si pour vous j'ai souffert la faim, le froid et les veilles, la nécessité me force d'implorer votre secours.

Il faut que l'Hélicon verse en moi ses eaux sacrées, et que le chœur d'Uranie m'aide à cadencer des choses difficiles à concevoir.

Abusé par la distance, je crus distinguer, dans le spectacle lointain, sept arbres d'or ;

A mesure que nous approchions, le prestige des illusions des sens perdait son empire ; mon discernement me découvrit des candélabres, et les voix chantaient Hosanna.

Les beaux vases flamboyaient plus brillants que la lune, dans un ciel d'azur, à minuit, et au milieu de sa période.

Rempli d'admiration, je regardai Virgile, et le bon maître me répondit par un regard non moins émerveillé.

J'examinai de nouveau les majestueux candélabres ; ils gravitaient lentement vers nous : plus lente la démarche de jeunes épousées.

La dame angélique me clama : « Pourquoi observes-tu si amoureusement ces luisantes étoiles, sans considérer les autres prodiges? »

Alors je vis des personnages, vêtus de blanc, suivre les candélabres comme leurs guides : jamais telle blancheur ici-bas.

A gauche, l'onde étincelante reflétait, comme un miroir, les splendeurs de la scène et la moitié de ma personne.

Quand le fleuve resta seul entre moi et le cortége, afin de mieux le contempler, je suspendis ma course.

Les flammes devancèrent la majestueuse phalange, et, semblables à des pinceaux traçant des lignes, elles diapraient l'air de riches couleurs sur leur passage.

Sept lignes radieuses vinrent distinctement dessiner l'iris dont le soleil fait son arc et Délie sa ceinture.

Les bannières éclatantes se déroulaient jusqu'au delà de ma vue, et me paraissaient être rangées à dix pas les unes des autres.

Sous le beau ciel que je décris s'avançaient, deux à deux, vingt-quatre vieillards couronnés de fleurs de lis ;

Et ils chantaient en chœur : « Sois bénie entre les filles d'Adam ! bénies soient à jamais tes perfections ! »

Lorsque la troupe auguste eut quitté les fleurs et l'herbe fraîche du rivage, comme l'éclair suit l'éclair, aux vingt-quatre vieillards succédèrent quatre animaux couronnés de branches vertes.

Chacun avait six ailes, dont les plumes étaient pleines d'yeux ; tels seraient, s'ils vivaient, les yeux d'Argus.

Je ne prodiguerai pas de rimes, ô lecteur, pour décrire les formes de ces animaux ; d'autres sujets plus importants réclament ma verve.

Interroge Ézéchiel ; le prophète les dépeint comme il les vit accourant des régions froides, au milieu du vent, des nuages et du feu.

Tels tu les trouveras dans son livre, tels ils s'offraient devant moi, seulement couverts de plumes, comme dans la vision de Jean contre la croyance d'Ézéchiel.

L'espace entre les quatre animaux renfermait un char triomphal porté sur deux roues et attelé au cou d'un griffon ;

Étendant ses deux ailes entre les triples lignes lumineuses, le griffon les fendait sans les rompre.

Les ailes de la bête montaient si haut, que l'œil n'en apercevait pas la fin ; ses membres d'aigle étaient d'or, ceux de lion blancs et vermeils.

Le deuxième César ni l'Africain ne triomphèrent pas dans Rome sur un char si beau ; le char même du soleil s'éclipse auprès de cette magnificence,

Le char du soleil, brûlé dans sa course vagabonde, à la prière des mortels suppliants, quand Jupiter fut juste dans les secrets de sa colère.

Autour de la roue droite, trois femmes dansaient en rond : l'une, écarlate, aurait presque disparu dans la pourpre d'une fournaise ;

La seconde présentait l'image d'un corps d'émeraude ; la troisième ressemblait à la neige nouvellement tombée.

Guidées tantôt par la femme blanche, tantôt par la femme rouge, selon le chant alterné de chacune d'elles, les autres réglaient leur danse lente ou rapide.

A la gauche du char se réjouissaient quatre femmes vêtues de pourpre, mesurant leurs mouvements sur une de leurs compagnes à l'œil triple.

Après le groupe entrelacé, se montraient deux vieillards calmes et vénérables, différents de costume, mais dans une attitude analogue.

Le premier annonçait un des disciples du grand Hippocrate, créé par la nature pour le salut des êtres animés les plus chers à son amour.

Agité d'un autre esprit, le deuxième tenait une épée brillante et aiguë, dont l'éclair m'effraya par delà le fleuve.

Ensuite quatre personnages d'une humble apparence ; derrière eux dormait un vieillard dont le front accusait le feu de la pensée.

Les sept derniers étaient vêtus comme les vingt-quatre vieillards. Toutefois, ils portaient sur la tête des diadèmes de roses et de fleurs vermeilles imitant de loin un diadème de flamme.

Quand le char fut vis-à-vis de moi, on entendit un coup de tonnerre ; ce signal avertit les augustes personnages ;

Ils s'arrêtèrent avec les sept candélabres.

Reproches de Bèatrice à Dante.

CHANT TRENTIÈME.

Jamais le septentrion du premier ciel ne connut levant ni couchant, ni d'autre nuage que le voile du péché de nos pères ;

Ses mouvements instruisaient chacun de son devoir, comme notre septentrion inférieur éclaire le nautonnier naviguant vers le port.

Quand la lumineuse pléïade se fut arrêtée, les saints personnages, venus d'abord entre le griffon et les sept candélabres, se tournèrent vis-à-vis le char comme vers leur paix inaltérable.

Un d'eux, pareil à un messager d'en haut, fit trois fois retentir ce verset du cantique : « Épouse, accours du Liban ; » et le chœur entier répéta le prélude.

Au dernier appel, les élus se lèveront soudain de leurs sépulcres en glorifiant Dieu avec une nouvelle voix ;

Ainsi, sur le char divin, se levèrent, à l'appel du vénérable vieillard, cent ministres et messagers de l'éternité bienheureuse.

« Béni sois-tu, ô toi qui arrives! » chantaient-ils à l'unisson, et, versant des fleurs sur son trône et à l'entour : « Jetez les lis à pleines mains. »

Parfois, à l'aube, l'orient se peint d'une couleur de rose, et le reste de l'horizon d'un bel azur ;

Le regard soutient longtemps l'éclat du soleil naissant à travers son réseau d'ombre et de vapeurs.

Telle m'apparut une femme, à travers un nuage de fleurs épandues par des mains angéliques au-dessus et à l'entour du char ;

Sous un voile blanc, couronnée d'olivier, cette femme avait un manteau émeraude, et une robe couleur flamboyante.

Mon esprit, désaccoutumé du redoutable effet de sa présence, avant de l'apercevoir, sentit, par la vertu émanée d'elle, se ranimer le brûlant foyer du premier amour.

Sitôt que la splendeur dont je fus blessé dès mon matin eut fasciné mes yeux, je me penchai du côté de Virgile ;

Tel, dans sa peur ou son affliction, l'enfant se réfugie vers le sein maternel, et j'allais dire :

« Chaque goutte de mon sang tremble dans mes veines ; je reconnais les signes de l'ancienne ardeur. »

Mais Virgile nous avait délaissés, Virgile, mon doux père, à qui ma protectrice m'avait confié pour mon salut.

Alors, malgré les charmes de ce paradis terrestre, perdu par notre mère antique, mes larmes ruisselèrent, et mes joues, lavées par la rosée sainte, redevinrent noires.

« Dante, ne pleure pas encore parce que Virgile s'en va ; ne pleure pas encore ! Il te faudra pleurer pour une autre blessure. »

Au bruit de mon nom, que j'enregistre seulement par nécessité, je retournai la tête, et, sur le bord gauche du char, je découvris la femme voilée, au milieu de la fête angélique, inclinant vers moi ses yeux.

Elle planait comme la reine de la flotte merveilleuse ; le voile, descendant de son front, couronné du feuillage de Minerve, dérobait une partie de ses traits.

Néanmoins, dans son attitude royale et austère, elle continua de la sorte, imitant celui dont l'art réserve pour la fin ses paroles les plus incisives :

« Regarde-moi, je suis bien Béatrice ! Comment as-tu daigné gravir la montagne expiatoire ? Ne savais-tu pas qu'ici l'homme est heureux ? »

Mes yeux se baissèrent sur l'onde limpide ; en m'y voyant, je les ramenai sur l'herbe, tant la honte affligeait mon visage.

Comme une mère paraît terrible à son fils, ainsi me parut Béatrice dans l'amertume de son acerbe pitié.

« J'ai placé en toi mon espérance, ô mon Dieu ! » Modula le chœur des anges, et il ne dépassa point le deuxième verset du psaume.

Au milieu des forêts et sur les cimes dont se hérisse l'Italie, les neiges amoncelées se transforment en glaciers sous les vents esclavoniens ;

Liquéfiées, elles filtrent et se fondent aux brises printanières, comme la cire à la flamme.

De même je restais sans larmes et sans soupirs avant les cantiques des Intelligences dont les hymnes s'unissent aux hymnes des sphères célestes.

Leurs douces harmonies compatissaient davantage à ma peine, que si elles avaient chanté : « Femme, pourquoi l'accables-tu ? »

Je le compris en les écoutant, et la glace pétrifiée autour de mon cœur se changea en sanglots et en larmes, et déborda de ma poitrine avec angoisse par ma bouche et par mes paupières.

Cependant, immobile sur le côté droit du char, Béatrice adressa ces paroles aux substances compatissantes :

« Vous veillez dans le jour inextinguible ; le sommeil ni la nuit ne vous cachent aucun des pas du siècle dans ses routes ;

» Vous donc, ô Intelligences, vous n'auriez nul besoin d'une longue narration ; je la proférerai pour être ouïe du pèlerin pleurant sur l'autre rive ; que son repentir égale sa faute !

» Il fut généreusement doté par le génie des sphères immenses dirigeant chaque germe vers sa fin, selon que les étoiles l'accompagent, et par l'abondance des grâces divines pleuvant sur nous des sources inaccessibles;

» Sa nature, enrichie par ces doubles grâces, aurait produit d'admirables effets dans le bien. Mais plus une terre a de vigueur, plus, par la mauvaise semence et la mauvaise culture, elle devient sauvage et ingrate.

» Quelque temps mes regards de jeune fille et mon doux visage le soutinrent, et je le conduisis avec moi dans le droit sentier.

» Dès que je fus sur le seuil de mon second âge, et que je passai de ma vie mortelle à ma vie immortelle, il m'oublia pour se livrer à d'autres.

» A mesure que je me transfigurais de la nature d'argile à l'angélique nature, à mesure que j'avais grandi en vertu et en beauté, je lui semblais moins précieuse et moins attrayante.

» Il trébucha dans le faux chemin, en suivant les mensongères images des voluptés fallacieuses et illusoires.

» Vainement j'évoquai pour lui des inspirations par lesquelles je le rappelais dans ses veilles ou dans ses rêves ;

» Toute mon influence ne pouvait le sauver, tant sa chute était profonde, si je ne lui montrais les races damnées.

» Dans ce but, visitant le seuil des morts, j'exposai mes prières et mes pleurs au sage dont la vigilance l'a guidé jusqu'à notre séjour.

» La loi souveraine serait violée s'il traversait le Léthé, s'il goûtait les eaux saintes sans avoir payé un salaire,

» Le tribut des larmes et du repentir. »

Apparition de Béatrice dans le Paradis Terrestre.

CHANT TRENTE-UNIÈME.

————

« Toi, qui gémis au delà du fleuve sacré, ajouta Béatrice aiguisant contre moi sans miséricorde le glaive amer et acéré de son discours, parle, réponds.

» Mes reproches sont-ils vrais? Ta confession doit confirmer une accusation si dure. » Dans mon angoisse, ma voix s'éteignit avant d'articuler des sons.

Et la glorieuse, après un moment de silence : « Que médites-tu ? Réponds-moi ; tes tristes souvenirs ne sont pas encore effacés par les eaux du Léthé. »

La confusion et la peur arrachèrent de ma bouche un oui presque inintelligible sans le secours des yeux.

Une arbalète trop tendue rompt, en se débandant, et la corde et l'arc, et la flèche vole avec moins de vitesse ;

Ainsi je fus brisé sous mon lourd fardeau, et ma voix expira au milieu d'un torrent de larmes et de soupirs.

Et Béatrice à moi : « Quels abîmes as-tu trouvés entre mes salutaires inspirations pour te faire aimer le bien, terme suprême désirable?

Quelles chaînes t'ont retenu dans leurs filets sans espérance de les franchir? Quelles félicités ou quels attraits, empreints sur le front des autres créatures, ont séduit ta raison enivrée? »

Après un soupir douloureux, à peine eus-je la force de répondre d'une voix entrecoupée de sanglots :

« Les choses présentes, avec leurs faux prestiges, ont égaré mes pas aussitôt que s'est voilé votre visage. »

Et Béatrice : « Quand tu te tairais ou quand tu nierais ce que tu confesses, ta faute n'en serait pas moins avérée ; l'infaillible juge ne l'ignore point.

» Mais quand l'aveu du mal s'échappe de la bouche du pécheur, la meule, dans notre céleste cour, se tourne contre le tranchant du glaive.

» Écoute et taris tes larmes, afin d'emporter moins de honte et de fortifier ton cœur contre les sirènes.

» La perte de mon image mortelle, ensevelie dans votre monde, devait te diriger vers un but contraire à tes égarements.

» Jamais la nature ou l'art ne t'offrirent un enchantement égal à l'aspect du beau corps où je fus enfermée, aujourd'hui vaine poussière.

» Si cet incomparable plaisir te fut ravi par ma mort, quelle chose périssable pouvait t'inspirer désormais aucune passion ?

» Aux premières atteintes des objets trompeurs, pourquoi n'as-tu point élevé tes regards vers moi, qui ne suis plus une substance trompeuse ?

» Fallait-il ployer tes ailes pour attendre sur ton globe infime des nouvelles blessures, ou de quelque jeune fille, ou de quelque vanité non moins passagère ?

» Le jeune oiseau se laisse attirer par deux ou trois embûches ; devant celui dont l'aile est forte, en vain se déploient les rets, en vain se lancent les flèches. »

Comme, debout, les paupières baissées, muets de honte, les enfants se tiennent écoutant et reconnaissant leurs fautes avec les signes du regret,

Je me tenais ; et Béatrice : « Puisque tu es si affligé de mes paroles, hausse la barbe ; et en me regardant croîtra ta douleur. »

Le chêne robuste se déracine au souffle du vent du nord ou du vent accouru de la terre d'Iarbas ;

Plus docilement, j'accomplis son ordre, et lorsqu'elle m'interpella par ma barbe, je sentis le venin de ses discours.

En levant ma face, je m'aperçus que les belles créatures avaient cessé de répandre des fleurs ;

Et mes regards timides virent Béatrice tournée vers la bête sainte réunissant une seule personne en deux natures.

A travers son voile, et de l'autre côté du fleuve verdoyant, elle surpassait sa beauté d'autrefois, autant qu'elle avait surpassé la beauté des autres femmes sur la terre.

L'aiguillon du repentir me blessa de plus en plus ; les choses étrangères, jadis les plus idolâtrées, me pénétrèrent d'une aversion poignante.

Sous l'accablement de mon remords, je tombai en défaillance, et ce que je devins, elle le sut la cause de mon trouble.

Quand mon cœur eut rendu la vie à mes facultés, la femme solitaire, d'abord rencontrée dans l'Éden, se montrait au-dessus de moi, et me murmurait : « Serre-moi avec force. »

Elle m'avait traîné dans le fleuve, plongé jusqu'au col, et, en me traînant toujours, elle volait sur l'eau, légère comme une barque.

Près de la rive heureuse, j'entendis chanter, avec une modulation indescriptible même dans ma mémoire : « Tu me purifieras. »

La vierge, Mathilde, ouvrit ses bras charmants, les passa autour de ma tête, et me la plongea dans les flots, de manière à m'en abreuver.

Ensuite elle me retira, et m'offrit, purifié de la sorte, aux quatre belles danseuses, et chacune d'elles me ceignit de ses embrassements.

« Ici nous sommes des nymphes ; au ciel nous sommes des étoiles.

Avant que Béatrice descendît dans le monde, nous fûmes désignées pour être ses servantes.

» Nous te mènerons devant ses yeux ; pour te faire supporter leurs étincelles vives, les trois femmes rangées de l'autre côté du char, sous l'éclair de leur œil perçant, aiguiseront ta vue incertaine. »

Ainsi chantèrent-elles, puis me conduisant au poitrail du griffon, du côté où Béatrice avait le visage, elles reprirent :

« Rassasie bien ton regard ; nous t'avons mis devant les émeraudes d'où l'amour t'a lancé déjà ses flèches. »

Mille désirs plus ardents que la flamme attachèrent mes yeux sur les yeux resplendissants fixés vers le griffon.

Comme le soleil se réfléchit dans un miroir, la double bête rayonnait dans les yeux de Béatrice, tantôt avec une forme, tantôt avec l'autre.

Pense, lecteur, si je m'émerveillais en voyant la bête rester immobile en elle-même, et se transformer dans son image réfléchie.

Pleine de stupeur et de liesse, mon âme savourait le festin délicieux dont la nourriture enivre et altère.

Les trois autres femmes, s'annonçant de l'ordre le plus sublime, s'avancèrent, en chantant et en dansant sur leur mode angélique :

« Incline, Béatrice, incline tes yeux sacrés vers ton fidèle, gravissant de si loin pour te contempler.

» Par pitié, daigne lui dévoiler ton sourire, afin qu'il distingue la seconde beauté close dans ta personne. »

O splendeur de la lumière éternelle et vivante ! Quel homme, ayant pâli à l'ombre du Parnasse ou ayant bu à sa source, n'avouerait son impuissance pour te peindre ?

Quelle lèvre humaine te décrirait telle que tu m'apparus accompagnée de l'harmonie céleste comme d'une ombre,

Radieuse et triomphante dans l'espace libre.

Le Géant et la Courtisane.

CHANT TRENTE-DEUXIÈME.

Abîmé dans ma contemplation, j'apaisai la soif dont je brûlais depuis dix années ; mes autres sens étaient anéantis.

Comme enveloppés de dédain pour toute chose, ils sommeillaient, tant le divin sourire m'attirait dans ses anciens lacs.

Je fus ravi à mon extase par les murmures soudains des femmes déesses ; leurs murmures disaient : « Il la regarde trop. »

Un éblouissement, pareil à celui dont frappe l'astre-roi, m'avait privé de la vue ; je m'accoutumai peu à peu à un moindre éclat, faible, si on le compare à la splendeur de ma dame.

L'armée glorieuse s'était dirigée à main droite, et, en marchant, elle avait le soleil et les sept flammes en face.

De même un bataillon se replie pour se mettre à l'abri de ses boucliers, et développe sa courbe avec son enseigne avant d'avoir achevé son mouvement ;

De même la milice du royaume lumineux, précédant le char, défila tout entière avant que le timon ait formé son circuit.

Les déités se replacèrent près des roues, et le griffon, sans agiter ses ailes, ébranla le char triomphal.

La belle vierge qui m'avait fait passer le fleuve, Stace et moi, nous suivîmes la roue décrivant le plus petit cercle.

En traversant la majestueuse forêt déserte par la faute d'Ève, crédule aux mensonges du serpent, nos pas s'accordaient avec les symphonies des anges.

Un trait décoché parcourt à peu près en trois volées autant d'espace que nous en avions parcouru, lorsque descendit Béatrice.

Le chœur séraphique prononça de concert : « Adam ! » puis il environna un arbre complètement dépouillé de fleurs et de feuillage.

Ses branches, déployées à mesure qu'elles s'élèvent, exciteraient, par leur prodigieuse hauteur, l'admiration des Indiens dans leurs forêts géantes.

« Sois heureux, griffon, toi dont le bec ne meurtrit pas cet arbre suave au goût, mais funeste aux entrailles qui s'en nourrirent. »

Autour de l'arbre robuste le cortége fit retentir ces accents, et l'animal à double nature : « Ainsi se conserve la semence de toute justice. »

La bête sacrée acheva de ramener le timon au pied de l'arbre veuf de ses feuilles, et il le laissa collé au tronc, sa racine primitive.

Quand la grande lumière tombe mêlée aux rayonnements du poisson zodiacal, nos plantes bourgeonnent et renouvellent leur robe diaprée, avant que le soleil attelle ses coursiers sous une autre étoile;

Ainsi, reprenant ses couleurs, moins vives que celles de la rose, et plus vives que celles de la violette, se ranima l'arbre naguère dépouillé dans tous ses rameaux.

Je n'ai entendu nulle part, ni on ne chante sur la terre l'hymne alors cadencé par la troupe merveilleuse, et je ne pus le supporter jusqu'à la fin.

Si je savais narrer comment s'endormirent, en écoutant les aventures de Syrinx, les yeux impitoyables d'Argus, ces yeux à qui leur vigilance coûta cher,

Comme un peintre, peignant d'après son modèle, je retracerais comment je m'assoupis. Qu'il le décrive, celui dont l'art sait bien représenter le sommeil !

J'arrive donc à l'instant où je m'éveillai. Une splendeur déchira le voile de mon assoupissement, et une voix me cria : « Lève-toi ! que fais-tu ? »

Arbre mystérieux, éternel aliment du banquet des anges et de leurs noces ineffables, tu portes de douces fleurs;

En les voyant, Pierre, Jean et Jacques, conduits sur le Thabor, furent renversés devant l'éclat céleste, et ils se relevèrent à la voix qui avait rompu des léthargies plus profondes.

O miracle! Élie et Moïse avaient disparu, et la robe du divin maître avait changé de couleur.

Tel je me réveillai. Sur moi se penchait la femme compatissante, mon guide le long du fleuve. « Où est Béatrice, m'écriai-je tout ému de crainte. »

Et Mathilde : « Regarde-la sous le nouveau feuillage, assise au pied de l'arbre; observe la compagnie qui l'environne.

« Le reste de la troupe remonte dans l'azur avec le griffon, et module des chants plus doux encore et plus sublimes. »

J'ignore si sa réponse fut plus longue; l'immortel objet de mes extases remplissait déjà mon attention.

Seule, assise sur la véritable terre, Béatrice semblait garder le char, naguère lié par la bête à deux formes.

Les sept nymphes l'entouraient de leur cercle et l'y enfermaient, tenant les flambeaux inextinguibles et impénétrables au souffle de l'Auster et de l'Aquilon.

« Tu habiteras peu de temps ce bois, et tu habiteras éternellement l'éternelle Rome où le Christ règne.

» Pour l'enseignement du monde coupable, fixe donc tes yeux sur le char, et raconte, à ton retour, ce que tu auras vu. »

Béatrice s'exprima de la sorte, et moi, prosterné devant ses commandements, j'obéis, et je fixai mes yeux sur le char.

Comme la foudre étincelante, à travers la nuée sombre, s'élance des régions les plus hautes;

Plus rapide fondit sur l'arbre sacré l'oiseau de Jupiter, ravageant les feuilles et les fleurs nouvelles;

Et il heurta le char de toute sa vigueur, et le char plia comme un navire en péril, battu par les vagues furieuses.

Et je vis pénétrer dans le char triomphal un renard dont la maigreur annonçait la mauvaise nourriture ;

La dame de ma pensée, lui reprochant ses criminelles actions, le fit disparaître aussi vite que le lui permirent ses os décharnés.

Puis, du côté par où il était accouru, l'aigle s'abattit dans l'arche du char et l'inonda de ses plumes ;

Une voix, semblable à un gémissement douloureux, sortit du ciel et proféra : « O ma nacelle, comme tu es mal chargée ! »

Soudain la terre s'ouvrit entre les roues, et vomit un dragon malfaisant, dont la queue se plongea dans le char.

Comme une guêpe retire son aiguillon, il retira sa queue venimeuse, et arracha une partie du fond du char ; et il s'éloigna en serpentant.

Le reste du parvis du char, comme la terre féconde se revêt de gazon, se couvrit des plumes offertes par l'aigle peut-être avec une intention pieuse et bienveillante.

Les roues et le timon s'en revêtirent par une transformation subite ; moins longtemps un soupir ne tient une bouche entr'ouverte.

Étranges métamorphoses ! du char sacré surgirent des têtes, trois sur le timon, une à chaque angle ;

Les premières avaient des cornes comme celles des bœufs, les quatre autres une seule corne sur le front. Jamais pareil monstre !

Ferme comme une roche sur une haute montagne, une prostituée, dans un désordre impudique, et les regards errants, vint s'y asseoir.

Un géant se dressa debout près d'elle, comme pour veiller jalousement sur sa conquête ; l'un l'autre ils s'embrassaient tour à tour.

Mais, comme elle darda vers moi son regard avide et vagabond, son féroce amant la fouetta de la tête aux pieds ;

Plein de jalousie et aveuglé de colère, lui détacha le char difforme, et le traîna dans les voûtes de la forêt ;

Ses arbres me cachèrent, comme un bouclier, le monstre et la prostituée.

Dante & Stace conduits au Fleuve Eunoé.

CHANT TRENTE-TROISIÈME.

————

« Seigneur ! les peuples sont venus. » Cette douce psalmodie, alternée tantôt à trois voix, tantôt à quatre, les femmes la commencèrent
en pleurant ;

Et Béatrice, soupirant avec compassion, les écoutait dans une angoisse profonde ; Marie, devant la croix, ne fut guère plus affectée par
la douleur.

Lorsque les autres vierges la laissèrent parler à son tour, ma noble
dame, se levant, répondit, colorée comme la flamme :

« Encore un peu de temps, ô mes sœurs chéries, et vous ne me
verrez plus ; encore un peu de temps, et vous me reverrez. »

Par un signe, elle plaça devant elle les sept femmes, et, après
elle, moi, Mathilde et le sage, notre fidèle compagnon.

Nous avancions dans cet ordre ; à peine eut-elle fait dix pas, ses
yeux frappèrent les miens.

Et avec un visage calme : « Hâte-toi, pour mieux ouïr mes accents. » Lorsque je fus près de la bienheureuse, elle ajouta :

« Frère, en m'accompagnant, pourquoi ne pas m'interroger ? »
Comme le respect glace devant un supérieur, j'articulai à demi :
« O ma déesse, vous discernez les besoins de mon âme et leur remède. »

Elle à moi : « Secoue à l'avenir toute crainte et toute honte, et ne me réponds plus comme dans les rêves du sommeil.

» Apprends que l'arche du char brisé par le dragon a cessé d'être ; le coupable, malgré son festin d'homicide, n'échappera point à la vengeance divine.

» Il ne sera pas toujours sans héritiers, l'aigle dont les plumes ont couvert le char, pour se transformer en monstre, puis en proie.

» Des étoiles déjà proches, je les découvre et te les annonce, marchent d'un essor invincible ;

» Elles amènent une époque où le nombre 510 et 5, envoyé de Dieu, détruira la prostituée avec le géant fornicateur, son complice.

» Ma prédiction obscure, comme Thémis et le Sphinx, ne te persuadera peut-être point ; car, ainsi qu'eux, elle trouble l'intelligence.

Bientôt les faits seront les naïades, dont l'habileté dénouera le nœud de cette énigme, sans danger pour les troupeaux et les moissons.

» Toi, recueille mes paroles, et comme elles sortent de mes lèvres, enseigne-les aux vivants de cette vie qui est une course vers la mort.

Souviens-toi, quand tu les transcriras, de ne point dissimuler comment s'offrit l'arbre profané deux fois en ta présence.

» Quiconque l'effeuille ou le brise outrage Dieu par un acte sacrilége, car Dieu l'a créé saint pour son unique usage.

» Pour avoir dérobé son fruit, la première âme, pendant plus de cinquante siècles, attendit dans la peine et dans les soupirs la victime holocaustale.

» Ton esprit dort, s'il ne devine qu'un motif mystérieux a élevé si haut cet arbre et déployé son diadème.

» Tes vaines pensées flottent autour de ton front comme les eaux de l'Elsa, et tes fausses théories ont taché ton entendement, comme Pyrame a taché le fruit du mûrier ;

» Autrement, tu reconnaîtrais, par tant d'oracles lucides, la justice infinie gravée dans l'interdit dont elle a entouré l'arbre sublime.

» Ton intelligence est devenue de pierre et s'est obscurcie dans l'erreur; la lumière de mes discours t'éblouit.

» Emporte mes paroles, sinon écrites, du moins scellées dans ta mémoire, comme le pèlerin emporte pour souvenir un bourdon orné de palmes. »

Et moi : « Comme la cire conserve fidèlement l'empreinte du cachet, mon esprit garde désormais votre stigmate.

» Pourquoi vos discours bien-aimés planent-ils au-dessus de mes facultés? Plus elles s'efforcent de les suivre, moins elles peuvent les saisir. »

Béatrice à moi : « Sache donc l'infirmité de ta science, et combien la doctrine des écoles est impuissante à comprendre mes enseignements.

» Sache combien votre voie s'éloigne de la divine; autant du globe terrestre s'éloigne la plus haute sphère astrale. »

Je repartis : « Il ne me souvient pas d'avoir trahi vos leçons, et je n'en éprouve aucun remords. » L'immortelle souriant : « Les eaux du Léthé ont éteint ton souvenir.

» Si la fumée indique le feu, ton oubli démontre clairement les aberrations de ta volonté distraite. Dorénavant, j'emploierai des termes précis pour ton entendement grossier. »

Le soleil éclatant parcourait dans sa gravitation ralentie le cercle du méridien, variable selon les horizons de la terre. Comme s'arrête, devant des objets nouveaux, l'escorte précédant une troupe,

Les sept femmes s'arrêtèrent aux limites d'un ombrage triste, tel qu'en répandent sur leurs froids ruisseaux les Alpes avec leurs feuillages verts et leurs rameaux sombres.

Plus loin, il me sembla voir l'Euphrate et le Tigre jaillir d'une même fontaine, et, comme deux amis, se séparer à regret.

« O lumière ! ô gloire de la race humaine ! quelles ondes s'épanchent ici d'une même source et se divisent dans leur cours ? »

Et Béatrice : « Interroge Mathilde. » Et la belle nymphe, avec un air d'excuse : « Je lui ai révélé ce mystère et bien d'autres ; le Léthé ne doit pas l'avoir effacé de sa mémoire. »

Et ma glorieuse dame : « Une préoccupation plus grande lui aura enlevé la mémoire avec le discernement.

» L'Eunoë coule près d'ici ; mène-le vers son fleuve, et, selon ta coutume, ranime ses forces défaillantes. »

Mue par le zèle d'une âme complaisante et dévouée à une volonté supérieure, la nymphe, dès que je fus près d'elle, se mit en marche, et dit à Stace, avec la grâce des femmes : « Accompagne-le. »

Si j'avais, ô lecteur, plus d'espace pour écrire, je chanterais le doux breuvage dont je ne me serais point rassasié dans ma délectation.

Toutes les pages de ce deuxième cantique sont pleines ; le frein de l'art ne me permet pas une plus longue course.

Je revins de l'eau sainte transformé comme une plante nouvelle rajeunie dans ses feuilles,

Pur et disposé à monter vers le chœur des étoiles.

FIN DU PURGATOIRE.

NOTES DU PURGATOIRE.

CHANT Ier. — *Caton d'Utique.* — *Purification de Dante.* — Une corde plus douce résonne sur la lyre du poëte en passant au second royaume. — Les filles de Piérus, roi de Pella, en Macédoine, ayant défié les Muses, furent vaincues et métamorphosées en pies. — Le premier cercle de l'horizon figure le ciel de la lune, selon le système de Ptolémée. — La planète qui conseille l'amour, on le devine, est celle de Vénus. — Les quatre étoiles éblouissantes aperçues au pôle antarctique forment la croix du sud. Cet admirable morceau, où elle sont désignées pour la première fois dans les annales de l'époque, a surtout occupé les commentateurs et les savants, et témoigne encore, sinon de la découverte, au moins de la haute science du narrateur. Les mêmes étoiles, comme la plupart de ses personnages, ont en outre un sens allégorique, et représentent les quatre vertus cardinales, pratiquées par nos premiers pères sous le ciel immuable de l'Eden. — Caton d'Utique, idolâtre et suicide, est placé comme gardien du Purgatoire, d'après le type que Virgile en trace dans le huitième livre de son poëme. Suivant la fiction dantesque, délivré des limbes par le Christ avec les patriarches, le sage y a laissé Marcia son épouse autrefois cédée sur la terre à son ami Hortensius, et reprise jusqu'à l'époque de leur éternelle séparation. — La ceinture de jonc offre l'emblème de la patience et de la simplicité.

CHANT IIe. — *La barque des âmes pénitentes.* — *Casella.* — Le poëme continue de se dérouler avec le mouvement astronomique, son cadran régulateur. Le signe de la Balance tombe des mains de la nuit à l'opposé de celui du Bélier où plane le soleil, car le voyage dans le monde invisible a lieu, comme nous l'avons dit au début de l'enfer, à l'entrée du printemps ; voilà pourquoi nous avons vu précédemment les Poissons se lever avant le grand astre, et se voiler des rayons les plus lumineux de Vénus, alors appelée Diane ou l'avant-courrière du jour. La description du lever de Mars ne frappe pas moins par son exactitude pittoresque. — La rencontre de Dante et de Casella, son ami, célèbre musicien de Florence, amène une des plus touchantes scènes. D'après le récit du pénitent, un ange venait recueillir dans une barque à Ostie les âmes des élus. Elles s'y trouvaient rassemblées en plus grand nombre à cause du premier jubilé institué par Boniface VIII, en décembre 1300. Et lui-même avait profité des indulgences ; cela fixe sa mort vers le soir du 7 avril suivant, dans le moment même où le poëte accomplit son pèlerinage mystique, et aborde à l'entrée du purgatoire. Rappelons-nous ses phases exactes : son égarement dans la forêt obscure arrivé la nuit du 4 au 5 avril 1300 (Voir le chant XXII de l'Enfer). Il passa toute la nuit égaré dans la forêt (Enfer, 1 et 11). Il employa le jour suivant, 5 avril, à fuir les bêtes féroces ; vers le soir il pénétra dans les limbes (Enfer, 1 et 2) ; la nuit et le jour qui suivent, c'est-à-dire le 6 avril, il parcourut les neuf cercles infernaux (Enfer, 20 et 24) ; au commencement de la nuit, même jour, il traversa le centre du globe et monta par la route souterraine à l'hémisphère opposé. Le 7 avril il employa au voyage toute la nuit et tout le jour suivant. Enfin, au commencement de la nuit le 7, ou au commencement du jour de l'autre hémisphère, il voit venir l'esquif de Casella et des âmes conduit par l'ange nautonier. — J'ai cru devoir mettre en Français les paroles de la célèbre canzone de Dante, chantée par son ami, comme plus haut et dans tous les autres chants, les nombreuses citations latines semées dans le texte ; j'ai pour but principal de rendre cette belle poésie intelligible à tout le monde, non d'accroître ses difficultés.

CHANT IIIe. — *Nouvelles âmes pénitentes.* — Le corps de Virgile fut d'abord enseveli à Brindes, lieu de sa mort, puis transporté à Naples devant la grotte du Pausilippe, où un laurier solitaire abrite

son tombeau vide. — Dante exprime par la bouche du poëte romain la philosophie de son temps qui regardait les cieux comme autant de sphères diaphanes et transparentes les unes pour les autres. —
Lérici et Turbia, deux bourgs de l'État de Gênes, séparés par un terrain hérissé de montagnes. —
Entre les premières âmes émerveillées de l'ombre du voyageur mortel, inaperçue naguère dans les
régions ténébreuses, apparaît Manfredi ou Mainfrol, souverain de Naples et de la Sicile. L'histoire
l'accuse du meurtre de son frère Conradin et de son père Frédéric ; tué à la bataille de Ceperano, en
défendant la couronne contre Charles d'Anjou, il fut trouvé nu au milieu des morts, le front balafré
d'une horrible blessure. Le vainqueur donna l'ordre à ses soldats de jeter chacun une pierre et une
malédiction sur le corps de l'hérétique. Bientôt une espèce de montage couvrit le cadavre près du
pont de Bénévent. Mais Clément IV envoya l'évêque de Cosenza pour enlever au proscrit son monceau
de pierres, et on fit jeter ses restes excommuniés en dehors du royaume, au-delà d'une rivière nommée Verde, voisine d'Ascalie.

CHANT IVᵉ. — *Les âmes paresseuses.* — Les sophistes condamnés par le onzième concile sont
particulièrement désignés dans ceux dont la croyance attribue plusieurs âmes à un seul être. — Saint
Leo, ville du duché d'Urbin. — Noli, ville et port entre Final et Savone. — Bismantua, montagne
escarpée du territoire de Reggio en Lombardie. — Bellacqua, excellent joueur de cythare, et facteur
très-estimé d'instruments de musique, d'un caractère goguenard et paresseux. — Au moment où le
chant termine, il est midi pour le Purgatoire, minuit pour la ville de Sion, le commencement de la
nuit pour la Mauritanie, région plus occidentale. Afin de bien comprendre les figures et les phéno-
mènes du calendrier astral de l'épopée sublime, il faut se rappeler toujours la différence des hémisphères.

CHANT Vᵉ. — *Les repentis morts de trépas violents.* — Première ombre, Jacopo del Cassero
de Fano, ville de la Marche d'Ancône, située entre la Romagne et le royaume de Charles d'Anjou ; il
fut assassiné par ordre d'Azzo III d'Este, près d'Oriago, bourg du Padouan. La Mira, autre bourg,
situé près de la Brenta : Anténor a fondé Padone ; de là, les Anténorides. — La deuxième ombre,
Buonconte, fils de Guido de Montefeltro, et l'époux de Jeanne, mourut à Campaldino en combattant
les Guelfes. On ne put retrouver son corps sur la plaine du Casentin, Campaldino, lieu de la bataille livrée le 11 juin 1289 entre les deux partis. Non loin de ce lieu coule l'Archiano, fleuve prenant sa source dans l'Apennin, au-dessus de l'Eremo, couvent de Camaldules. Prato Magno, appelé
aujourd'hui Prato Vecchio, sépare le val d'Arno du Casentin. — La Pia, noble Siennoise de la famille
des Tolomei, convaincue d'adultère, fut enfermée par son époux, messire Nello Della Piétra, dans
un château des Maremmes ; l'air empesté la consuma lentement.

CHANT VIᵉ. — *Suites des repentis.* — *Sordello.* — Le jeu de la zarn ou de la chance, jeu de
hasard, se jouait, dit-on, avec trois dés, sans doute en public. — Le poëte désigne Benincasa d'Arezzo,
tué sur son siége, en plein tribunal, par Ghino di Taco, qui vengea ainsi la mort de son neveu et de
son frère, exécutés par un arrêt du juge Arétin. — Puis Gione de Tarlati d'Arezzo, entraîné dans l'Arno
par son cheval en poursuivant la famille des Bostoli. — Frederigo Novello, fils du comte Guido de
Batifolle, tué par un Bostoli, surnommé le Fornajuolo. — Farinata des Scoringiani, de Pise, tué par ses
ennemis ; son père messire Marzucco pardonna généreusement à ses assassins. — Le comte Orso, fils
du comte Napoléon de Cerbaia, tué par le comte Albert de Mangona, son oncle. — Pierre de la Brosse,
baron et secrétaire de Philippe le Bel, tombé en disgrâce de la reine (de la maison de Brabant) et
accusé par elle d'avoir voulu attenter à son honneur, fut pendu par ordre du roi. La jalousie des autres
courtisans l'avait perdu d'abord dans l'esprit de la reine. — Sordello, célèbre troubadour de Mantoue,
écrivait en langue provençale. Je l'ai placé à tort dans mon introduction, d'après une fausse légende,
parmi les contemporains, amis de Dante : quoique la date de sa mort soit difficile à préciser, elle doit
avoir eu lieu avant la Vita Nuova, vers 1270. — Magnifique invective contre Florence, où la détestable
politique d'adulation pour les empereurs se mêle tristement aux élans de patriotisme du Gibelin. Ah !
s'il vivait ! — Les Montaigus et les Capulets, les Monaldi et les Philipeschi, familles Gibelines de Vé-

...ne et d'Orvieto. — Santa Fiora, comté près de Sienne. — Marcellus, héritier présomptif du trône d'Auguste, exalté dans l'Énéide, ou peut-être Marcel Malaspina, protecteur du banni.

CHANT VIIe. — *Suite de l'entretien de Sordello. — Vallée des âmes repentantes.* — Le poëte y voit, assis à l'ombre, Rodolphe, empereur d'Autriche, père d'Albert, apostrophé dans le chant précédent; Ottocare, roi de Bohème, père de Venceslas; Henri III, roi de Navarre; Philippe III, le Camus, roi de France, mort de honte et de douleur à Perpignan, après avoir fui devant Roger d'Oria, celui-ci le père, celui-là le beau-père de Philippe-le-Bel; Charles Ier, roi de Sicile, comte de Provence; Pierre III, roi d'Aragon, et le jeune Pierre son quatrième fils, frère de Jacques et de Frédéric; Henri d'Angleterre, fils de Richard, enfin Guillaume, marquis de Montferrat, tué par les habitants d'Alexandrie, dont la mort excita une guerre entre eux et ses fils; Constance, épouse de Pierre III. — Béatrix et Marguerite, filles de Béranger, cinquième comte de Provence, épousèrent l'une, Saint-Louis, la seconde, Charles d'Anjou. Chacun remarquera dans ce passage, comme en plusieurs autres, l'âcre injustice et la partialité du barde proscrit contre les maisons de France.

CHANT VIIIe. — *Apparition du serpent dans la vallée des âmes. — Les deux anges gardiens.* — Dante reconnaît l'intègre Nino Visconti de Pise, juge de Gallura en Sardaigne; sa femme Béatrice d'Este avait quitté les bandeaux blancs, habit des veuves, pour épouser en secondes noces Galéas Visconti de Milan, dont la famille portait pour emblème dans ses écussons une vipère qui vomit un enfant; les armes de Nino, un coq dans un champ d'azur. — Les trois astres illuminant le pôle enflammé représentent les trois Vertus théologales, comme les quatre étoiles du sud, les cardinales. — Conrad Malaspina, seigneur de la Lunigiane, prédit au Dante l'hospitalité dont il jouira chez son fils, Marcel Malaspina, pendant les jours prochains de l'exil.

CHANT IXe. — *Vision de l'aigle. — L'ange gardien du Purgatoire.* — Figure comparée de l'autre avec le scorpion. — L'aigle symbolise tour à tour la gloire, le vieil oiseau divin, le signe impérial. — Lucie, la grâce divine. — Selon les anciens philosophes, la sphère du feu s'élève au-dessus de la sphère de l'air, immédiatement sous le ciel de la lune. — Les sept lettres imprimées par l'ange sur le front de Dante sont l'emblème des sept péchés capitaux: chacune s'effacera par degrés à mesure qu'il franchira les sept cercles du Purgatoire. — Les trois gradins, sur lesquels posent les pieds de l'ange, marquent d'après les théologiens: le premier, la sincérité de la confession. — Le deuxième, la contrition. — Le troisième, la satisfaction. — La clef d'or, la science nécessaire au prêtre pour juger; la clef d'argent, l'autorité qu'a l'Église d'absoudre. — Lucain, troisième livre de la Pharsale, rapporte que César ordonna de dépouiller le trésor public de ses richesses, malgré la résistance de Métellus. — Les anges répandus sur toute l'échelle expiatoire, dans des formes variées, avec des attributs infinis, commencent cette hiérarchie mystérieuse dont le dernier terme remonte, à travers les splendeurs du Paradis, jusqu'au triangle divin. La mythologie païenne de l'enfer s'éclipse devant la théogonie catholique.

CHANT X[e]. — *Sculptures de la montagne sainte.* — Une des plus belles, l'admirable légende de Trajan et de la veuve. Voici la fin. L'Empereur ayant fait chercher le meurtrier, ce meurtrier se trouva être son propre fils. Alors il demanda à la veuve si elle exigeait la mort du coupable, ou si elle voulait l'accepter pour fils à la place du sien tant pleuré. La veuve adopta le fils de Trajan selon la légende. Saint Grégoire, touché de la haute vertu de l'empereur païen supplia Dieu de l'admettre au rang des élus. Le génie Dantesque rachète ses écarts en défiant les grandes victoires de la morale divine et humaine dans sa théologie.

CHANT XI. — PREMIER CERCLE. — *Les âmes orgueilleuses.* — Humbert, comte de Santa Fiore, issu de Guillaume Aldobrandeschi. Son arrogance le fit tuer par les Siennois, à Campagnatico, dans les Maremmes. — Oderisi d'Aggubio, dans le duché d'Urbain peintre enlumineur. — Francesca de Bologne, maître en miniature. — Cimabué, mort en 1300 ; Giotto, mort en 1336, tous deux peintres célèbres et amis de Dante. — Un Guido (Cavalcanti son plus cher) surpassa, dit-il, l'autre Guido (Guinicelli, poëte et philosophe de Bologne). — Provenzano Savani, citoyen illustre de Sienne, ayant appris qu'un de ses amis était prisonnier de Charles d'Anjou, et qu'on exigeait 10,000 florins d'or pour lui rendre la liberté, se mit à genoux au milieu de la place. Dans cette humble posture et frissonnant de tous ses membres, il attendit que le peuple, ému par ses prières, jetât sur un tapis pièce par pièce la rançon entière de son ami : exemple amer pour le fier Gibelin proscrit, dont Florence réclamait une amende honorable.

CHANT XII°. — *Nouvelles sculptures de la montagne.*—Traditions profanes et sacrées, éternelles et doubles sources d'enseignements moraux : — Personnages connus de l'histoire et de la Fable, Lucifer, Briarée, Nembrod constructeur de la Tour de Babel, Thymbrée (Apollon) Niobé, Saül, Roboam, Arachné, Sennacherib roi des Assyriens, et Alcméon qui tua sa mère Eryphile pour venger son père Amphiaraüs, trahi par la malheureuse pour un collier d'or ; puis Thomyris reine de Scythie, et Cyrus, roi de Perse, tué dans une bataille contre les Scythes. — L'église de San Miniato domine Florence près le Pont de Rubacante. — L'ange efface une des lettres sur le front du poëte pèlerin : celle de l'orgueil.

CHANT XIII°. — DEUXIÈME CERCLE. — *Les envieux.* — Sapia, noble siennoise, dont le nom italien signifie sage ; exilée à Colle, elle se réjouit du malheur de ses compatriotes. Les prières de Pierre Pétinagno, ermite florentin, obtinrent la grâce de son âme. — Les Siennois, se croyant déjà une grande puissance maritime, avaient acquis le port de Talamone dans la Méditerranée ; mais ses amiraux en furent pour leurs frais, comme peu d'années auparavant dans leurs fouilles pour découvrir une prétendue rivière souterraine appelée Diana. Le chant se termine par cette allusion satirique comme pour contraster avec les douloureuses peintures des mendiants et des âmes aveugles.

CHANT XIV°. — SUITE DU DEUXIÈME CERCLE. — Guido del Duca de Brettinoro, s'adressant à Rinieri, invective les habitants riverains de l'Arno dans tout son cours depuis Falterona, montagne de l'Apennin détachée du Pelore, promontoire de la Sicile, suivant l'opinion de ceux qui considèrent l'Italie comme lui ayant été jointe autrefois. Habitants riverains désignés : Ceux du Casentin, les pourceaux ; ceux d'Arezzo, les roquets hargneux ; les chiens transformés en loups, les Florentins ; et les Pisans, les renards. — Le petit-fils de Rinieri, désigné dans la même apostrophe, podestat de Florence en 1302, et gagné par les noirs, fit enfermer et massacrer les principaux blancs. — Plus loin, Licio de Valborne et Arrigo Manardi, de Faenza, ou selon quelques-uns Brettinoro, seigneurs magnanimes ; Pierre Traversaro, noble de Ravenne, maria sa fille à Etienne roi de Hongrie. — Allusion à Lambertucio, forgeron devenu grand seigneur. — Guido de Prata, Ugolin d'Azo et les autres personnages rapportés sont l'élite du vieux temps. — Le castel de Brettinoro et les autres de la Romagne, gouvernés par de petits despotes. — Les Pagani, famille d'Imola. Un d'eux, à cause de son astuce et de ses crimes, avait été surnommé le Diable. — Une ombre crie les paroles de Caïn. — La deuxième Aglaure, fille de Cécrops, possédée par les furies, se précipita, dans un transport jaloux, du haut de la citadelle d'Athènes.

CHANT XV°. — *Vision extatique de Dante.* — D'abord la Vierge retrouvant son fils dans le temple au milieu des docteurs ; puis l'épouse de Pisistrate tyran d'Athènes, lui demandant vengeance d'un jeune Athénien coupable d'avoir embrassé sa fille ; le martyre de saint Etienne, exemple de résignation. — L'ange a effacé sur le front du poëte la deuxième tache : celle de l'envie.

CHANT XVI°. — TROISIÈME CERCLE. — *Les colères.* — *Entretien sur le libre arbitre.* — Marco le Lombard, noble Vénitien, converse avec Dante, son ancien ami ; et combat les préjugés de l'époque sur l'influence des astres. — Dans son discours contre l'alliance du temporel et du spirituel entre les mains du pontife, il désigne figurativement par la cité véritable le ciel ; par la leur, les devoirs sociaux ; par le guide aux ongles non fendus, un conducteur non pur ; le lévitique déclare impurs les animaux de cette espèce. Les trois vieillards justes sont Conrado de Palazo, de Brescia, Gerardo de Camino de Trévise, et Guido de Castello de Reggio en Lombardie. La Gaja, fille de Gerardo, fut un miroir de vertu et de beauté.

CHANT XVIIe. — SUITE DU TROISIÈME CERCLE. — *Nouvelle vision de Dante.* — Philomèle, fille de Pandion, roi d'Athènes. — Aman, le favori d'Assuérus, cloué sur la croix. — Lavinie, désespérée du suicide de sa mère Amata. — Définition des trois sortes d'amour. — Un ange a effacé sur le front du poëte la troisième tache, celle de la colère

CHANT XVIIIe. — QUATRIÈME CERCLE. — *Les négligents.* — Dante est dans la cinquième nu i de son voyage mystérieux; la lune doit alors se lever cinq heures après le coucher du soleil, un peu avant minuit. — Pietola, petit bourg voisin de Mantoue et lieu de naissance de Virgile. — L'exemple de Marie se hâtant vers la montagne marque, dit-on, sa fuite en Egypte avec Joseph ou sa visite à sainte Elisabeth. — Dom Gerardo, abbé de Saint-Zenon à Vérone, plaint son abbaye tombée aux mains d'un bâtard difforme, Albert de la Scala, seigneur de Vérone. — Le bon Barberousse (terme d'ironie), avait ordonné, en 1302, de raser la ville de Milan, dont les habitants furent contraints de se racheter par le tribut honteux de la figue. (Voir l'appendice futur.)

CHANT XIXe. — CINQUIÈME CERCLE. — *Les avares.* — *Vision de la femme bègue.* — Emblème du mensonge et de la volupté. — La femme sainte représente la vérité. — Le pape Adrien V de la maison des Fieschi occupe la scène; ses parents portent le titre de comte de Lavagno du nom du fleuve qui s'abîme entre Sestri et Chiavari, villes de l'état de Gênes. Le poëte met adroitement dans la bouche de ce pape l'éloge d'Alagia, sa nièce, épouse de Marcel Malaspina, dont le palais lui avait offert un asile bienveillant. — Tous les psaumes que j'ai traduits en français sont exactement cités des textes saints dans l'original, et renferment des sens mystiques analogues aux pénitences des cercles ou à la situation.

CHANT XXe. — SUITE DU CINQUIÈME CERCLE. — *Tremblement de la montagne sainte.* — Nicolas, évêque de Mira, fit jeter de fortes sommes dans la maison d'un pauvre citoyen pour l'empêcher de livrer ses trois filles à la prostitution. — Dante a suivi une tradition au moins très-douteuse sur l'origine de Hugues-Capet, Hugues-le-Grand, comte de Paris, père du chef de la branche royale de ce nom, et lui fait prédire ou retracer, suivant son système, en termes très-âpres, les vices et les forfaits de la maison de France, dont plusieurs descendants se nommèrent Philippe ou Louis : 1° Charles d'Anjou, frère de saint Louis; ses conquêtes attribuées à l'astuce; le meurtre de Conradin, l'empoisonnement supposé de saint Thomas d'Aquin dans une hostie; 2° Charles de Valois, frère de Philippe-le-Bel, dont l'invasion dans Florence, année 1300, causa le triomphe des noirs et la proscription du Gibelin; 3° le 3e Charles, fils de Charles Ier, roi de Sicile et de la Pouille, venu précédemment de France, en 1282; fait prisonnier par Ruggieri-Doria, amiral du roi Pierre d'Aragon, il maria sa fille Béatrice avec Azzo IV d'Este, moyennant une grosse somme d'argent. — Anagni, ville de la campagne de Rome, où fut pris Boniface VIII, que Sciarra-Colonna frappa de son gantelet. — Le nouveau Pilate désigne Philippe-le-Bel et le massacre des chevaliers du Temple. — Exemples cupides : Acham lapidé pour avoir détourné à son profit une partie du butin de Jéricho; Ananias et Saphira frappés de mort subite pour avoir gardé une partie de leur bien malgré leur vœu d'offrande. — Héliodore, envoyé par le roi Séleucus pour dépouiller le temple de Jérusalem, est foulé aux pieds du cheval d'un guerrier céleste apparu soudain. — Polymnestor, roi de Thrace, conjuré par Priam de garder son jeune fils Polydore et une partie des richesses de Troye, assassina l'enfant pour s'emparer de ses trésors. On connait la cupidité proverbiale de Midas, de Crassus, et de Pygmalion, meurtrier de Sichée.

CHANT XXIe. — FIN DU CINQUIÈME CERCLE. — *Stace.* — La rencontre des trois poëtes donne lieu à une scène charmante. Dante a fait par erreur Stace Toulousain, car l'auteur de la Thébaïde naquit à Naples, comme il nous l'apprend dans une silve ignorée encore au XIIIe siècle : il mourut avant d'avoir achevé l'Achilléide, son second poëme, très-inférieur au premier. — La fille de Thaumas désigne Iris ou l'arc-en-ciel.

CHANT XXII°. — SIXIÈME CERCLE. — *Récit de Stace* — *Arbre tentateur*. — Térence, Plaute et Juvénal, poètes très-connus de l'antiquité. — Simonide, un des lyriques grecs. — Agathon, autre poète grec dont Aristote mentionne une fable intitulée L'Anthos ou la Fleur. — Déiphile, la fille d'Adraste, roi des Argiens. — Argia, autre fille d'Adraste et femme de Polynice. — Ismène, sœur d'Antigone, désolée d'avoir vu Cyrré, son futur époux, périr sous les coups de Tydée. — Celle qui indiqua la fontaine Langia, Hypsipile, fille de Thoas, roi de Lemnos. — La fille de Tirésias, non pas Manto placée dans l'Enfer, mais Daphné connue aussi sous le nom d'Artémise ou Sibylle delphique dont Homère a inséré plusieurs oracles dans ses poëmes. — Thétys, la mère, et Deidamie l'épouse d'Achille. — La plupart de ces héroïnes figurent dans la Thébaïde. — Les quatre premières servantes du jour, les quatre premières heures.

CHANT XXIII°. — SUITE DU SIXIÈME CERCLE. — *Les gourmands*. — Erésichton, l'un des principaux habitants de la Thessalie, réduit par Cérès à une insatiable faim pour le punir d'avoir abattu un bois sacré, mourut en dévorant ses membres. — Marie, fille du juif Eleazar, tua son enfant et le mangea pendant la famine de Jérusalem assiégée par Titus. — Selon quelques physionomistes, on trouve dans notre visage un chiffre composé de la lettre *m* entrelacée à deux o de manière à former *omo*. Les deux *oo*, les yeux ; la lettre *m*, se compose du nez des sourcils et des joues. — Forèse, frère de Corso Donati et de Piccarda, belle Florentine dont il sera question dans le Paradis. — La Barbagia, montagne de la Sardaigne, habitée en ce temps-là par des femmes de mauvaises mœurs.

CHANT XXIV°. — FIN DU SIXIÈME CERCLE. — *Deuxième arbre tentateur*. — Buonagiunta des Orbisani, rimeur illustre de Lucques, prédit au Dante ses futures amours avec Gentucca, belle Lucquoise alors dans l'adolescence. — Le pape Martin IV de Tours faisait cuire dans du vin blanc de Toscane (Vernaccia) les anguilles du lac de Bolsène et passait pour un fameux gastronome. — Ubaldino des Ubaldini de la Pila, Bonifacio des Fieschi de la Vagne et le marquis d'Erignaliosi de Forli, grands mangeurs et grands buveurs. — Nous avons lu dans la vie nouvelle la jolie canzone commençant par ces vers : Femmes, qui avez l'intelligence de l'amour. — Jacopo de Lentino, poète plus vulgairement connu sous le nom de Notaire. — Gitton d'Arezzo, rimeur trop loué par ses contemporains. — Forèse désigne dans sa prédiction Corso Donati, chef des Guelfes ou des noirs de Florence, traîné par son cheval sur la terre et massacré par le peuple dans une émeute. Nous en avons déjà parlé dans l'introduction et nous y reviendrons dans l'appendice supplémentaire. — Les Centaures, fils d'Ixion et de la Nue, ivres aux noces de Piritoüs et des Lapithes, furent vaincus par Hercule et Thésée. — Les Israélites, chassés par Gédéon, burent trop avidement près la source d'Arad. — L'ange efface sur le front de Dante la sixième tache, celle de la gourmandise.

CHANT XXV°. — ESCALIER DU SEPTIÈME CERCLE. — Théorie de la génération des corps et des âmes. — Le soleil marque deux heures après midi. — La vie de Méléagre, par une loi fatale, se consumait à mesure que brûlait un tison. — Althée, sa mère, jeta au feu le tison par vengeance. — Averroës est le philosophe dont le poëte combat la doctrine dans son ingénieuse théorie sur la génération des âmes. — Hélice ou Calisto, fille de Lycaon et nymphe de Diane, fut surprise par Jupiter et chassée plus tard de sa compagnie par la chaste déesse.

CHANT XXVI°. SEPTIÈME CERCLE. — *Les luxurieux*. — Guido Guinicelli, troubadour bolonais, a été mentionné au onzième chant du Purgatoire. — Thoas et Euménius retrouvèrent Hypsipile, leur mère, au moment où Lycurgue, roi de Némire allait la faire périr parce qu'elle laissa mordre par un serpent son fils Archémore dont il lui avait confié la garde. — Arnault Daniel, célèbre troubadour provençal, auteur du roman de Lancelot du Lac. — Dante attaque l'opinion vulgaire contemporaine qui lui préférait Girault Bertueil, jongleur de Limoges. — La réponse d'Arnaud est en délicieux vers provençaux dont M. Raynouard, auteur d'intéressantes études sur les troubadours, a donné la traduction naïve dans son recueil.

CHANT XXVIIe. — *Les flammes purificatrices*. — Vision de Lia, fille de Laban, première femme de Jacob, symbole de la vie active; Rachel, sa sœur, seconde femme de Jacob, symbole de la vie contemplative. — Le soleil allait éclairer Jérusalem, antipode du Purgatoire, où descend la nuit. — Passage des trois poëtes dans la fournaise. — Dante se souvient avec une juste horreur des nombreux autodafés de son époque, et sans doute aussi de l'arrêt qui le dévoue au supplice du feu.

CHANT. XXVIIIe. — *L'Eden ou le Paradis terrestre.* — *Mathilde.* — Ravissante ouverture égale et non semblable aux tableaux de l'Eden de Milton. — La forêt de pins de Chiassi se trouve sur le bord de l'Adriatique, près de Ravenne. — Léandre habitait Abydos, sur la côte de l'Asie; Héro, son amante, Sestos sur la côte d'Europe. — Chacun sait la fameuse défaite de Xerxès sur l'Hellespont. — Mathilde personnifie la comtesse Mathilde, qui enrichit l'église de Rome. — Léthé, mot dérivé du grec; oubli. — Eunoé, de la même étymologie, bon entendement. — Selon les commentateurs, Ève et Adam n'habitèrent que sept heures l'Eden. — Les gracieuses images du chant sont gâtées par l'abus trop fréquent de la définition scientifique dont je m'efforce toujours d'adoucir, en la reproduisant, la sécheresse littérale.

CHANT XXIXe. — LE CHAR MYSTIQUE. — *Départ de Virgile.* — Le char personnifie l'Église. — Les sept candélabres, les sept dons de l'Esprit-Saint. — Les personnages vêtus de blanc, son cortège; les patriarches et les Israélites croyant à la venue du Christ. — Les sept flammes formant des lignes, les sept sacrements de l'Église. — Les vingt-quatre vieillards, les vingt-quatre livres de l'Ancien-Testament. — La couronne de lis, la Foi. — Les quatre animaux couronnés de feuilles vertes, les quatre évangélistes. — Le griffon, moitié lion, moitié aigle, les deux natures du Christ. — Les deux roues du char, l'Ancien et le Nouveau-Testament. — Les trois femmes qui dansent en rond, les trois vertus théologales : la blanche, la Foi; l'émeraude, l'Espérance; la rouge, la Charité. — Les quatre autres femmes vêtues de pourpre, les quatre vertus cardinales, la Tempérance, la Force, la Justice, et la Prudence à l'œil triple. — Les deux vieillards, l'un, avec l'habit des disciples d'Hippocrate, saint Luc; l'autre, armé d'une épée nue, saint Paul — Les quatre personnages d'une humble contenance, les apôtres Jacques, Pierre, Jean et Jude, frère de Jacques. — Le vieillard endormi, saint Jean. — Délie ou la nymphe de Délos est la lune. — Tout ce passage est imité avec une originalité grandiose des prophéties bibliques.

CHANT XXXe. — BÉATRICE. — *Suite des symboles du char.* — Le septentrion du premier ciel, les sept candélabres, comme celui du nôtre, les sept étoiles de la grande ourse. — Béatrice, emblème de la théologie : sa couronne de feuilles d'olivier, la sagesse. — Le manteau vert, la draperie d'une couleur ardente, le voile blanc, symboles de l'espérance, de la charité, de la foi.

CHANT XXXIe. — PURIFICATION DE DANTE PAR MATHILDE. — L'introduction et la vie nouvelle donnent les détails suffisants pour comprendre les discours de Béatrice à son ancien adorateur. Elle lui reproche ses passions frivoles pour d'autres jeunes filles. Les travaux supplémentaires et les poésies du Florentin achèveront de faire connaître le sens réel joint dans ses allusions, selon l'usage, au sens moral ou figuré. Le caractère trop théologique et professoral de l'immortelle sainte altère çà est là dès le début son idéal céleste. Elle est textuellement comparée dans l'italien à un amiral commandant la manœuvre de ses vaisseaux. J'ai légèrement transformé l'image, comme j'ai supprimé, chant XXII, de l'Enfer, la comparaison burlesque des diables aux cuisiniers : seules modifications opérées dans les deux premiers cantiques et consignées avec soin dans mes notes; car, tout en m'appliquant à l'incarner dans le français le plus poétique et le plus pur, je suis assez scrupuleusement mon modèle pour ne pas craindre la critique sérieuse.

CHANT. XXXIIe. — SUITE DES SYMBOLES DU CHAR. — *L'aigle.* — *Le géant et la prostituée.* — Dante écrivait en 1300, dix années après la mort de Béatrice. — L'arbre de la science ravivé par le Christ ou le griffon. — Les sept nymphes entourant Béatrice, les sept vertus (étoiles et nymphes, doubles emblêmes). Mercure envoyé par Jupiter endormit Argus en lui contant les aventures de la nymphe Syrinx changée en roseaux, et profita de son sommeil pour le tuer et délivrer la conflée à sa garde par la jalousie de Junon. — Allégorie des persécutions souffertes par l'Eglise. L'aigle, c'est la persécution des empereurs ; le renard, celle des hérétiques ; le dragon celle de Mahomet ; le char avec les sept têtes, l'Eglise conduite par les sept péchés capitaux ; la prostituée assise sur le char, la papauté corrompue ; le géant, le roi Philippe-le-Bel.

CHANT XXXIIIe. — FIN DES SYMBOLES DU CHAR. — Selon le peuple, une soupe mangée dans la neuvaine sur la tombe de celui qu'on avait tué mettait à l'abri de toute vengeance. — Les chiffres 500, 5 et 10, produisent trois lettres formant le mot *dux*, et désignent apocalyptiquement l'empereur Henri VII, ou, selon d'autres, Can le Grand de Vérone. — L'eau de l'Elza couvre d'un tartre épais tout ce qu'on y plonge. — Pyrame, à sa mort, ensanglanta le fruit du mûrier qui de blanc devint d'un pourpre sombre. — Les naïades expliquaient les oracles ; elles cachaient sans doute l'emblême de la tempérance et de la vie retirée nécessaire pour pénétrer les secrets de la nature. Béatrice, Dante, Mathilde et Satec, montent dans la région supérieure. Le symbolisme Dantesque, dont les voiles ont obscurci tant de savants regards, va se déployer de plus en plus au milieu des merveilles du Paradis.

AVIS.

Je donnerai à la fin du **Paradis**, avec le texte latin, l'indication des Psaumes ou des prières liturgiques dont la Divine Comédie contient les fréquentes citations. Ayant annoncé avec l'appendice une table de comparaisons entre les principaux traducteurs français, je n'ai voulu interrompre mes notes explicatives d'aucune remarque à ce sujet ; mais je dois, dès à présent, pour l'honneur de Dante, affirmer qu'il est ridiculement traduit par les anciens, et très défectueusement par les nouveaux, nonobstant leurs incontestables progrès à divers titres, je parle des trois plus estimés : MM. Artaud, Briseut, Fiorentino ; un seul exemple entre mille. Chant XXVIII. Dans la scène de Mathilde, un des charmants passages, nul n'a rendu l'expression pittoresque de *Fior du Fiore*, Fleur de Fleur, ni l'image originale de *Traendo più color con le sue mani*, en attirant beaucoup de couleur avec ses mains, ni l'épithète caractéristique de *alta terra*, terre haute, sublime. (L'Éden). M. Briseut, censé littéral, a mis heureuse pour rendre *alta*, et les deux autres, l'un académicien familier avec l'Italie, l'autre, italien, l'ont passé sous silence. Je citerai les innombrables altérations, oublis graves, paraphrases sans but, contre-sens ou affreuses cacophonies dont ces messieurs ont rempli leur travail. En revanche, je signalerai les beaux passages des Etudes poétiques de M. Antoni Deschamps ; s'il avait achevé sa traduction en vers, quoique nous différions de système, je n'aurais pas entrepris ma pénible tâche, au milieu de mes ouvrages de création personnelle. Mon unique espoir est de populariser en France par un miroir digne du modèle, et de rendre lisible dans son entier pour la masse des lecteurs un des monuments les plus prodigieux d'une époque trop peu explorée, monument dont le public, malgré les apothéoses des écoles littéraires et vingt traductions successives, n'accepte et ne connaît bien que certains côtés épisodiques. La couleur, le caractère, la physionomie, l'âme divine renfermée dans le poëte, la mélodie et la forme, choses capitales jusqu'à ce jour presqu'intraduites et à peine senties, voilà surtout ce que je m'attache à reproduire dans notre langue, comme à expliquer le sens moral ou symbolique, dans mes travaux interprétatifs ; l'Homère florentin, trop longtemps disséqué par lambeaux, exige cette double initiation générale pour être bien compris. J'ai déjà exposé dans ma préface mes opinions sur l'art d'interpréter et de transplanter, selon leur nature, les poëtes créateurs, art de science morale, de sentiment et de style non moins que de philologie, art fort distinct, je le répète, du littéralisme brut ou de la paraphrase didactique dont la monnaie courante nous masque encore à demi ou défigure les plus glorieux types anciens et modernes.

TABLE DES MATIÈRES.

LE PURGATOIRE

AVIS. — Voir pour l'ordre des trente-quatre gravures la table générale du troisième volume; elles portent d'ailleurs le numéro de chaque Chant.

ERRATA.

1er vol., *Enfer*, chant IV, page 19, tercet IV, *au lieu de* : Trois personnages majestueux s'avancèrent, *lisez* : Quatre personnages, etc.

Idem, *Enfer*, chant VI, tercet Ier, *au lieu de* : La pitié dont m'avait rempli le sort de mes deux proches, *lisez* : Le sort des deux proches.

Idem, *Enfer*, chant XXX, tercet VI, *au lieu de* : Après avoir repait sa vue, *lisez* : Après avoir repu ses yeux, etc.

2e vol., *Purgatoire*, chant XXIV, page 100, tercet IV, *au lieu de* : Souvenez-vous des Hébreux énervés par la boisson, *lisez* : Des Hébreux qui en buvant montrèrent leur mollesse.

Idem, *Purgatoire*, chant XXVI, page 106, tercet VI, *au lieu de* : Avant de poursuivre, elles s'efforcent toutes, *lisez* : Elles s'efforçaient toutes, etc.